O CÉREBRO E A MODA

Dados Internacionais de Catalogação na Publicação (CIP)
(Jeane Passos de Souza – CRB 8ª/6189)

Anjos, Nathalia

    O cérebro e a moda / Nathalia Anjos. – São Paulo : Editora
Senac São Paulo, 2020.

Bibliografia.
ISBN 978-65-5536-373-9 (Impresso/2020)
e-ISBN 978-65-5536-374-6 (ePub/2020)
e-ISBN 978-65-5536-375-3 (PDF/2020)

1. Moda (Conceitos) 2. Moda : Neuroestética 3. Modelos
mentais : Imagens 4. Neuroplasticidade 5. Neuroestética 6.
Consumo consciente I. Título.

20-1192t   CDD – 306.45
                                     153
                        BISAC DES005000
                              PSY020000

Índice para catálogo sistemático:
1. Moda : Neuroestética   306.45
2. Neuroestética : Modelo mentais : Moda   153

NATHALIA ANJOS

O CÉREBRO E A MODA

Editora Senac São Paulo – São Paulo – 2020

ADMINISTRAÇÃO REGIONAL DO SENAC NO ESTADO DE SÃO PAULO
Presidente do Conselho Regional: Abram Szajman
Diretor do Departamento Regional: Luiz Francisco de A. Salgado
Superintendente Universitário e de Desenvolvimento: Luiz Carlos Dourado

EDITORA SENAC SÃO PAULO
Conselho Editorial: Luiz Francisco de A. Salgado
Luiz Carlos Dourado
Darcio Sayad Maia
Lucila Mara Sbrana Sciotti
Luís Américo Tousi Botelho

Gerente/Publisher: Luís Américo Tousi Botelho
Coordenação Editorial: Ricardo Diana
Prospecção: Dolores Crisci Manzano
Administrativo: Verônica Pirani de Oliveira
Comercial: Aldair Novais Pereira

Edição e Preparação de Texto: Heloisa Hernandez
Coordenação de Revisão de Texto: Janaina Lira
Revisão de Texto: Juliana Ramos Gonçalves
Coordenação de Arte: Antonio Carlos De Angelis
Projeto Gráfico e Editoração Eletrônica e Capa: Veridiana Freitas
Designer Responsável pelo Editorial de Moda: Heyde Sayama – colagens digitais elaboradas a partir de imagens da Adobe Stock
Ilustrações: Adobe Stock
Coordenação de E-books: Rodolfo Santana
Impressão e Acabamento: Mais Type

Este livro contém QR Codes como forma de citação ou de referência a obras e conteúdos externos de terceiros, administrados e de propriedade de terceiros, cujos teores, acessos e visualizações por determinado tempo ou indeterminadamente, assim como manutenções, armazenamentos, meios de acesso e de hospedagem, *downloads*, interações, proteções de dados, *cookies*, *softwares*, etc., não são de responsabilidade da Editora Senac São Paulo. Nesse sentido, a decisão e o acesso a tais obras e conteúdos externos são de única e exclusiva responsabilidade do leitor. A Editora Senac São Paulo repudia violações de direitos intelectuais, tais como direitos autorais, de marcas e de patentes, bem como infrações relacionadas aos direitos da personalidade humana – como voz e imagem – e de propriedade.

Proibida a reprodução sem autorização expressa.
Todos os direitos desta edição reservados à
Editora Senac São Paulo
Av. Engenheiro Eusébio Stevaux, 823 – Prédio Editora
Jurubatuba – CEP 04696-000 – São Paulo – SP
Tel. (11) 2187-4450
editora@sp.senac.br
https://www.editorasenacsp.com.br

© Editora Senac São Paulo, 2020

SUMÁRIO

7
NOTA DO EDITOR

11
AGRADECIMENTOS

13
PREFÁCIO

23
INTRODUÇÃO

27
O CONCEITO DE MODA NO CONTEXTO CONTEMPORÂNEO
- 31 O QUE É MODA?
- 33 QUEM É A MODA?
- 38 MOVIMENTOS
- 44 COMO A MODA SE FAZ?
- 51 O PORQUÊ DA MODA
- 56 MODA E ENTRETENIMENTO
- 62 MODA E NEUROESTÉTICA

67
MODELOS MENTAIS NA ÁREA DE MODA - O IMPACTO DAS IMAGENS A QUE SOMOS EXPOSTOS
- 69 O INFERNO SOMOS NÓS
- 79 MODELOS MENTAIS
- 84 AS EXPERIÊNCIAS, AS IMAGENS E O CÉREBRO
- 90 REGISTROS DE IMAGENS: REALIDADE × PROJEÇÕES
- 94 IMAGEM E APRENDIZAGEM
- 113 O CÉREBRO E AS EMOÇÕES

121
QUEBRA DE PARADIGMAS DA MODA - IMAGINÁRIO COLETIVO × REALIDADE
- 123 IMAGINÁRIO COLETIVO
- 135 IMAGEM E SAÚDE MENTAL
- 145 IMAGEM E MORALIDADE SITUACIONAL
- 149 DISRUPÇÃO NAS ESTRUTURAS DA MODA
- 154 TRANSFORMAÇÕES POSSÍVEIS: ARTE E TECNOLOGIA

173
O CÉREBRO E A MODA - NEUROPLASTICIDADE E NEUROESTÉTICA
- 175 NEUROPLASTICIDADE E ATENÇÃO PLENA
- 186 NEUROESTÉTICA

193
A ILUSÃO DO FUTURO E SOBRE O QUE ESTAMOS DISCUTINDO QUANDO FALAMOS DE MODA

201
REFERÊNCIAS

NOTA DO EDITOR

Questionando a noção de moda no contemporâneo, Nathalia Anjos estuda, nesta obra, como a moda e seus paradigmas podem impactar emocionalmente as pessoas.

Neste estudo, a autora investiga os modelos mentais a que estamos condicionados e os mecanismos cerebrais de recepção e interpretação das imagens a que somos expostos, propondo uma análise mais consciente daquilo que consumimos – roupa e informação –, a fim de separar o real do ilusório. Nesse sentido, também analisa possibilidades de disrupção dessa estrutura e as contribuições da arte e da tecnologia para o universo da moda.

Assim, esta publicação do Senac São Paulo propõe uma pausa para reflexão, a fim de entendermos como o ideal disseminado em imagens de moda e entretenimento pode nos afetar, e que recursos podemos adotar para fazermos escolhas de consumo mais condizentes com a nossa identidade e propósito.

Para meu filho Daniel.

Que você conheça seu cérebro e sua mente, e possa fazer escolhas de forma consciente e presente. <3 Te amo, Dani shark.

AGRADECIMENTOS

"Você pode seguir fazendo tudo que faz, ou você pode concentrar toda essa energia em uma coisa só e dar a esse projeto toda sua potência." Ouvi essa frase do autor Rob Bell em 2018, quando tive a oportunidade de produzir um evento dele aqui no Brasil. Foi o momento em que decidi escrever este livro. ☺

Keka Ribeiro me disse em uma de nossas conversas: "Bixa, você tem que escrever logo um livro!". Obrigada, irmã. Agradeço também à Marina Colerato, que, além de escrever a frase que abre a introdução, é parceira de textos e editora incrível. Estamos juntas com o propósito de transformar. <3 Juliano Nakamura, Larissa Henrici e Raphael Felisbino: Gratidão! Seguimos *juntes* fazendo coisas incríveis que sacodem o mundo! Heyde Maria, obrigada pelo trabalho realizado aqui no editorial de imagens em arte digital. ;)

A edição e a finalização deste livro aconteceram durante o isolamento da pandemia. Eu respondia aos questionamentos da equipe editorial na sala ao lado do espaço onde meu filho brincava, e ele frequentemente vinha falar comigo, pois queria a minha atenção. Entre o trabalho como coordenadora de cursos do Senac Lapa Faustolo, a agência, casa, marido, filho, família, *amigues* e eu (não em ordem de prioridades), tentei fazer o melhor para realizar este projeto. Eu queria concentrar minha energia para fazer só isso, e o universo disse que não, que seria de outra forma! Meu companheiro de vida, Didi Genaro, segurou a onda da casa, do nosso filho Dani e dos meus acessos de nervoso no meio disso tudo. Sem seu apoio, eu não teria conseguido. Te amo, seu mané! <3

Mãe, a você agradeço minha vida. Obrigada por cuidar de mim e me formar como mulher e ser humano. Te amo.

PREFÁCIO

E AGORA QUE VOCÊ SABE?

A neurociência centra seus esforços no estudo das mais variadas facetas do sistema nervoso. Seus achados, embora diretamente conectados à biologia e à medicina, têm atraído interesse das mais diversas áreas. No fluxo dessas pesquisas, muito se avançou no entendimento das particularidades do cérebro e de seus processos, mas também foi criado um vasto campo especulativo de aplicação, em que *coaches* e terapeutas de todas as naturezas prometem resultados milagrosos em termos de aprendizado, mudança de comportamento ou até mesmo uma completa transformação de temperamento.

Circulando nesse terreno minado, *O cérebro e a moda* se pergunta sobre o que a neurociência e seus desdobramentos teriam a nos dizer sobre a moda e seus conjuntos de imagens e padrões. O livro passa por uma série de questões muito interessantes, procurando dar pistas sobre a formação e a propagação de gostos e desgostos em um mundo de influenciadores cada vez mais controlado pela programação de algoritmos e seletores de conteúdo.

A autora também guia os leitores pelas trilhas dos mecanismos de criação identitária, passando por memórias, repetição, roteiros e arranjos usados pelo cérebro em seu desenvolvimento. Como esses modos de funcionamento são replicados ou de diferentes maneiras utilizados por empresas, grifes e campanhas publicitárias são perguntas que vão se mostrando cada vez mais pertinentes. Aos poucos, o livro compõe mais do que um apanhado de conceitos ou respostas: propõe um interessante painel de perguntas, deixando as portas abertas ao pensamento crítico e analítico.

Como pesquisadora de moda e psicanalista, já vi ao longo dos anos muitos profissionais usando os resultados de pesquisas de neurociência para desacreditar a psicanálise. Penso que essa seja uma postura equivocada, talvez covarde. O que se mostra mais frutífero, por outro lado, é que a psicanálise esteja absolutamente atenta a tudo o que se passa nessa área, que possa ser capaz de acompanhar seu rápido e intenso desenvolvimento.

Isso, sem, no entanto, acreditar que tais dados são capazes de encerrar assuntos. A clínica e a vida têm mostrado o contrário. A experiência humana não se cansa de desmentir padrões supostamente infalíveis e apontar que existem relações variadas entre o saber e as mudanças de comportamento. E isso tudo também pode ser pensado na relação das pessoas com seus corpos e com o outro dentro de certos limites e de lugares propostos pela comunicação da moda.

Me parece muito oportuna a lembrança da autora ao repetir, como boa provocação, a pergunta veiculada num anúncio sobre *cyberbullying*: "e agora que você sabe?". E agora que sabemos tanto sobre o funcionamento de nosso cérebro e os jogos que têm sido apresentados a ele, mais ou menos secretamente, como é que ficamos?

Ótima pergunta para os que ainda apostam no poder da articulação entre informação, ciência, subjetividades, coletivo e sonhos como combustível para pensar um novo mundo.

Vivian Whiteman
Jornalista e psicanalista. É editora especial da Elle
e escreve sobre moda, sociedade e comportamento.

Este livro é sobre a experiência humana em uma sociedade imagética que utiliza a moda como mídia.

Por que você está lendo este livro?

Dê-se um tempo para isso.

Deixe seu cérebro buscar referências, memórias boas ou ruins, conexões com o que você faz ou deseja fazer. Deixe sua mente passear pelas emoções que fizeram você abrir este livro e se interessar por esta leitura.

Sua experiência com estas linhas será somente sua.

INTRODUÇÃO

> *"As velhas estruturas, engessadas e muitas vezes aparentemente inabaláveis, exigem-nos levar a moda para outros campos."*
>
> **(MARINA COLERATO)**

Muitas pessoas terão acesso a este livro, a este tema e a esta proposta de conectar a moda com a neurociência. Talvez muitas dessas pessoas sejam conhecidas suas, e pode ser que conversem sobre esse assunto, mas, ainda assim, sua experiência será só sua.

Farei muitas perguntas e para algumas delas não darei respostas. Vamos filosofar juntos, pesquisar... e rir bastante, espero! Meu objetivo não é entregar um manual ou apostila, mas estimular você a questionar as imagens que consome e que constrói. Em alguns momentos você pode discordar do que escrevo e ter outra opinião, ponto de vista ou experiência, e está tudo bem! Não busco a concordância plena, mas a ativação da consciência de nosso cérebro, que é atuante em todos os momentos da nossa vida.

Cada ser humano tem sua constituição biológica única, seu DNA, sua organização de células que o forma como pessoa. E, uma vez neste mundo, misturamo-nos com a sociedade e a cultura, nossas células se moldam com o ambiente em que vivemos, nossa história de vida é construída e tudo isso nos torna únicos.

Compreender a moda como área de conhecimento e ofício cultural por meio das mentalidades de quem a faz e consome é o propósito deste livro. No **primeiro capítulo** vamos trabalhar o **conceito de moda**, que transcende há tempos a mídia da roupa e da reprodução em massa, e que no contexto contemporâneo exige uma nova definição. Nessas primeiras páginas, nosso foco serão os comportamentos e os novos movimentos culturais e sociais – e certamente isso tem a ver com você!

Quando discutimos os comportamentos na moda, estamos falando de imagens.

É por meio das imagens que a moda dissemina, valida ou promove comportamentos. Na formação dessas imagens entra um elemento surpresa, que é o entretenimento – você com certeza vai entender o que digo, se pensar nas redes sociais e nos desafios de beleza! Então, recapitulando:

1. A moda dissemina, valida ou promove comportamentos;

2. Os comportamentos são ilustrados por meio de imagens;

3. As imagens são veiculadas por meio do entretenimento.

No **segundo capítulo** vamos falar sobre **modelos mentais** e como as imagens que consumimos contribuem para a formação de tais modelos. Eu não farei juízo de valor sobre as imagens que consumimos nas redes sociais, novelas ou qualquer coisa nesse sentido. Meu objetivo é trazer consciência em relação a tudo que você consome, em termos de imagens. Vamos ver onde e como essas imagens são registradas no nosso cérebro, como nossas experiências são transformadas em imagens mentais e como essas imagens têm uma função pedagógica, desde a infância até a vida adulta. A intenção não é que você deixe de consumir, mas que, ao fazer isso, note o impacto que as imagens exercem, especificamente nas suas emoções e nos seus comportamentos, para que assim faça suas próprias escolhas de forma consciente e atenta. Veremos por que as imagens em movimento, o audiovisual, são muito mais eficazes para se conectarem com a nossa mente do que imagens estáticas, e como essa série aparentemente infinita de imagens que vemos e montamos são definidoras de crenças e valores.

O **terceiro capítulo** fala sobre **quebra de paradigmas**. Mas por que precisamos quebrá-los? Não precisamos! É só se você quiser, mesmo! :)

Para mim, muitos paradigmas do universo da moda são cruéis e destrutivos, o que torna a moda uma ferramenta de exclusão e com forte impacto na saúde mental das pessoas. No terceiro capítulo, vamos conhecer o imaginário coletivo referente ao ambiente dos profissionais no mercado de moda e verificar como ele está completamente equivocado em relação à realidade. Vamos entender como essa ilusão global foi construída, e assim poderemos ver imagens de um cenário muito mais real e também muito mais bonito! O glamour da moda já iludiu pessoas por demais, e não há mais espaço para isso. Buscamos humanidade e que parem os *shootings* na moda. Falaremos sobre arte e sobre como por meio dessa expressão podemos encontrar alguns caminhos possíveis para a moda que queremos.

No **quarto capítulo** vamos falar sobre **neurociência** e conhecer um pouco mais sobre a estrutura do cérebro e onde se formam os pensamentos. Além disso, vamos entender melhor como essa área se relaciona com a moda, por meio da **neuroplasticidade** e da **neuroestética**. Aqui o papo vai ser mais científico, mas confio que até lá terei conquistado sua atenção e amor, para que goste do que vai ler!

Por fim, no **último capítulo** falaremos sobre **a ilusão do futuro e o que podemos fazer hoje, no presente**. Temos na mão ferramentas incríveis de transformação para o bem, só precisamos empregá-las conscientes de seus impactos.

O CONCEITO DE
MODA
NO CONTEXTO CONTEMPORÂNEO

Você pode trabalhar ou querer trabalhar com moda, estudá-la ou gostar dela, ou apenas gostar de usar produtos que estejam em voga. Todo mundo se veste e se expressa de alguma forma. Chegamos a um tempo em que o conceito de moda como reprodução de vestuário em grande escala não faz mais sentido sozinho. Em *História e sociologia do vestuário*, Roland Barthes definia:

> **"A Moda é sempre da alçada da indumentária; mas sua origem pode representar um outro movimento. Ora a moda é um fato de indumentária artificialmente criado por especialistas (por exemplo, a alta-costura), ora é constituída pela propagação de um traje, reproduzido em escala coletiva por razões diversas." (BARTHES, 2005, p. 272)**

Esse conceito não pode ser descartado, mas pede uma ampliação no contemporâneo. A moda já não é uma mera reprodução de produtos vestíveis, mas uma expressão política, social e cultural. Em diversas áreas do conhecimento, vivemos um tempo de transição, e novas pesquisas, olhares e abordagens se fazem necessários para mapear o passado e o presente e desenhar o futuro que queremos. A moda é uma dessas áreas, e nos últimos anos temos falado muito sobre o futuro da moda, sobre sustentabilidade e sobre propósito, mas seguimos com muitas perguntas e poucas respostas. Talvez esse seja um sinal do tempo transicional, de se questionar muito e concluir pouco. Acontece que, para o bem de nossa saúde mental, precisamos de um pouco do conforto que os "padrões" nos trazem – entre aspas porque este é um livro que busca desvendar tais padrões, questioná-los e, com muita sorte, rompê-los.

Primeiro aprendizado: **padrão** é diferente de **normatização** e de **normalização**.

Normatização é o estabelecimento de regras. Acontece por exemplo em uma empresa, quando os funcionários devem cumprir um dress code. Essa regra não é de um órgão maior, como o governo, é algo estabelecido pela gestão daquela empresa. É diferente de normalização, que significa se encaixar numa regra – por exemplo, quando uma empresa deve cumprir protocolos de segurança demandados por lei, normalizando sua operação.

Já o padrão implica repetição. Quando algo é repetido um número suficiente de vezes, pode-se identificar um padrão. Não é à toa que a moda faz tanto sucesso e entrou em nossas mentes de forma tão profunda: suas repetições formam padrões que absorvemos de forma confortável ao cérebro.

O QUE É MODA?

Moda vem do latim *modus*, padrões de comportamento social. Antigamente, moda era tudo aquilo que ganhava escala de reprodução massificada. Muita gente está usando? Então é moda.

As roupas – e não os olhos, como os poetas gostam de dizer – são o primeiro elemento que capta nossa atenção na sociedade contemporânea. Destaco esse recorte de tempo pois, com os avanços tecnológicos de manipulação de imagens, nosso olhar também mudou, e, apesar de as roupas terem esse papel de impactar à primeira impressão há tempos, hoje isso é ainda mais forte, como consequência da superexposição de imagens a que somos condicionados. A vida real ganhou novos espaços com a internet, e já não é mais possível ignorar ou rejeitar o ambiente virtual. Nossa vida não é mais "ou isto ou aquilo", como dizia Cecília Meireles para as crianças nascidas na década de 1980: o digital e o analógico são partes de uma só esfera existencial, gostemos disso ou não.

Afirmar que a moda são produtos reproduzidos e usados em escala chega a ser ingênuo, já que os produtos sem o comportamento que os envolve podem ser produzidos em centenas de milhares de unidades sem que causem nenhum impacto real sobre as pessoas – prova disso é o *buzz* que pode ser gerado por um vestido único, como aqueles feitos sob medida para a Rihanna usar no Baile de Gala do MET. Registramos na mente a roupa, mas é o comportamento de quem a veste e seu contexto de vida que de fato nos marcam. Temos tendência a projetar em objetos aquilo que não compreendemos bem. Fica mais fácil, tangível, dizer que se gosta de uma roupa ou que se adoram certos sapatos ou uma bolsa, mas o que de fato chama a atenção não é material.

Conceitualmente, a alta-costura deu base inspiracional para que o prêt-à-porter desse vida ao que chamamos hoje de moda. A haute couture, feita apenas em Paris, sob medida, exclusivíssima, para cerca de 2% da população mundial, trazia elementos que podiam ser adaptados para produtos de mais simples execução, a fim de que fossem reproduzidos em grande número de peças e vendidos para centenas de milhares de pessoas. Ao adquirirem aqueles produtos, essas pessoas se sentiam de certa forma pertencentes ao universo exclusivo dos 2%. Mas, vejam, não era o produto que lhes garantia essa sensação de pertencimento, e sim o comportamento adquirido ao vestir – já ouviu a frase "Tem que segurar o look!"? Trata-se disso.

E falo aqui no passado, mas será que isso não acontece ainda hoje?

É nessa raiz conceitual que moram os maiores perigos e ilusões do universo da moda. É sobre essa fundação enferrujada que construímos o grande Olimpo fashion, termo que vocês vão ver bastante por aqui, porque para mim é a melhor forma de representar essa hierarquia quase que religiosa e mitológica que existe no universo da moda. É nesse lugar que moram figuras imaginárias tão reais, mas tão reais em nossa mente que juramos de pés juntos, como bons habitantes de um país colonizado e escravizado, que elas são reais! Cito a Grécia porque é com a mesma mentalidade mitológica que concebemos nossos profissionais e figuras da moda; cito a religiosidade pois é com abnegação que seguimos regras de estilo, cores e padrões; cito a colonização, pois é com a mesma devastação que ficamos sem identidade; e cito a escravidão, pois é com o mesmo racismo que permanecemos presos aos conceitos tradicionais da moda.

QUEM É A MODA?

O ser humano na moda vem sendo requisitado cada dia mais para desenvolver um mercado mais justo, acolhedor e sustentável. Essa pessoa que faz, consome e é a moda não é individual, como o criador que entra sozinho ao final do desfile na passarela, mas sim um coletivo de muitas pessoas, que juntas pensam, desenvolvem, prototipam, refazem, constroem, comunicam, comercializam e vestem esses comportamentos que chamamos de moda. São pessoas com corações, cérebros, corpos e histórias, distintas e complementares. Pessoas completamente diferentes entre si! Peles, cabelos, olhos e privilégios diferentes, sim. Comum a esse coletivo gigantesco é ter na moda sua mídia de expressão de vivência. É gostar do toque dos tecidos e de seus caimentos, admirar a elaboração e a solução de um molde, pirar com as possibilidades de aviamentos, de recortes, de estampas e de como tudo isso será composto por um corpo que veste, uma maquiagem, um cabelo, acessórios, um cenário, mais pessoas para compor a cena, como uma representação da vida.

Vida real ou vida que projetamos?

Neste momento tanto faz, porque é aqui, nessa encruzilhada fashion, que o coletivo de seres humanos que faz a moda se encontra.

Novamente: a moda é feita por pessoas e para pessoas reais. Gostaria que essa frase fosse uma máxima, mas ainda não é. Não é sempre assim, aliás, quase nunca é, mas é neste momento que estamos, nesta busca.

Mais adiante falaremos onde é que esse caminho se perde.

AS MÁSCARAS

As figuras imaginárias que temos na mente como profissionais de moda ou pessoas estilosas são apenas uma construção de imagem com signos devidamente manipulados e retratados por vezes suficientes para que pareçam reais à nossa mente. E você pode me dizer: "Mas, Nathalia, essas pessoas existem, sim! Têm nome e sobrenome! Eu as conheço ou já trabalhei com várias delas!". Eu também. Acontece que muito antes de o Instagram criar filtros, de o Photoshop existir, de os óculos escuros gigantes nos guardarem (não apenas do sol, mas de tudo que não temos coragem de encarar), de as máscaras vitorianas possibilitarem os bailes mais selvagens e de homens usarem máscaras para representar mulheres no berço do teatro, as civilizações mais primitivas já pintavam o rosto por diversos motivos, na intenção de explicitar seus objetivos de guerra ou de festa.

Fica claro que se tem algo que nós, seres humanos, sabemos fazer muito bem é nos mascarar?

Nem sempre o papel assumido com a reprodução comportamental de um padrão imaginário de fato representa quem é aquela pessoa por trás dos filtros. Já dizia Caetano: "De perto, ninguém é normal". E, acredite, a normalidade conhecida do universo da moda está bem longe de ser real, e a normatividade fashion coloca profissionais e consumidores em caixas padrões que, ao invés de confortar, excluem e violentam. Isso porque existe uma questão latente no mercado de moda, relacionada à confiança. Essa questão não é exclusiva à área de moda, ela é social e global, e, por conta disso, vemos a necessidade de transparência e privacidade crescendo exponencialmente.

Não confiamos na moda para mostrar quem realmente somos.

Por que será? Porque podemos gostar de uma blusa que o Olimpo fashion considera cafona, porque não sabemos nos vestir, não sabemos o que está ou não na moda e, quando achamos que descobrimos, tudo já mudou, erramos de novo no look e nos sentimos à parte, de novo.

Em uma palestra recente que dei em uma escola de moda, os alunos tinham de 18 a 40 anos, a maioria com a expectativa de ter sua marca própria ou de trabalhar em uma grande marca. Perguntei quem já tinha ido à semana de moda de São Paulo, e apenas três pessoas levantaram a mão. Desse grupo, alguns disseram que sequer pensavam em ir. Perguntei para quem levantou a mão como é que se sentiram quando estavam no evento, e as respostas foram:

– Com medo.

– Ali não era meu lugar.

– Sei lá, perdido.

Como um ambiente de um evento de moda pode fazer alguém sentir medo?

Alguém que estuda moda está, sim, inserido no contexto do mercado. Considerando que uma dessas pessoas estava trabalhando no evento, é ainda pior perceber a violência oculta e simbólica à qual somos expostos. A sensação de não pertencimento, de sempre estar sendo avaliado, e o medo real de ser atacado por não fazer parte ou não estar de acordo com as regras invisíveis da moda é bastante comum a todos que ingressam nessa jornada. Faço sempre alusão ao Olimpo fashion na intenção de retratar mitos criados e que não fazem nem nunca fizeram o menor sentido, mas nos quais por muito tempo acreditamos, submetendo nossa existência a esses pseudodeuses da moda. Talvez isso aconteça em outros ambientes e em diversas outras áreas. O que quero retratar aqui pode ser bem exemplificado na famosa cena do filme *O diabo veste Prada*, quando a assistente ri da discussão sobre o tom turquesa do cinto a ser usado no editorial da revista e é questionada pela editora, que não só a repreende com uma "lição de moral fashion" como a humilha perante toda equipe:

> "Acha que isso tudo aqui não tem nada a ver com você. Você vai até o seu guarda-roupas e você escolhe... não sei... essa blusa azul horrível, por exemplo, porque você está tentando dizer ao mundo que você se considera muito séria para se preocupar com o que se vestir. Mas o que você não sabe é que essa blusa não é apenas azul. Nem turquesa. Nem cor de céu. Na verdade é azul-celeste, e você também não está ciente do fato de que, em 2002, Oscar de la Renta fez uma coleção de roupas de cor azul-celeste. E depois Yves Saint Laurent criou as jaquetas militares de cor azul-celeste. E depois, essa cor apareceu em coleções de oito estilistas diferentes. [...] Depois disso, chegou às lojas de departamentos... e depois acabou em liquidações em alguma lojinha de esquina onde você, sem dúvida, comprou sem nenhuma nota fiscal." (O DIABO VESTE PRADA *apud* MACIEL; HELAL, p. 417-418, 2017)

Esse comportamento de profissionais da moda se colocando acima de pessoas que não trabalham na área e que supostamente não sabem se vestir ou não se preocupam com isso é o que faz com que ingressantes na moda sintam medo. Medo de não atingir esse patamar que mistura estilo e comportamento específico e padronizado. É possível identificar esse comportamento com maior frequência na moda, pois trabalhamos com imagem e nos embriagamos com elas a ponto de não mais conseguir identificar o que é mundo fictício e o que é mundo real, o que é personagem e o que é ser humano.

Pergunto mais uma vez: quem é a moda?

MOVIMENTOS

Existem pessoas talentosíssimas trabalhando nessa área, com competências diversas, artistas que emprestam à moda suas expressões, criadores, criativos e designers. De forma alguma é possível ignorar ou tirar o brilho dessas pessoas – que são **pessoas**, não deuses. Podemos admirá-las, segui-las ou curti-las, mas é fundamental entender que a necessidade de ser aceito por um grupo ou por um profissional aprisiona e cria regras violentas que ninguém nunca é capaz de cumprir, simplesmente porque não são tarefas humanamente possíveis de realizar, não são reais, não existem, assim como os deuses do Olimpo fashion.

Nesse sentido, surgiram alguns movimentos, como o *office-less*, que levanta a bandeira do trabalho remoto; o Fashion Revolution, que mundialmente promove a conscientização das relações de trabalho na moda (#quemfezminhasroupas); o Mães pela Diversidade, que promove as novas famílias com configurações diversas; além de iniciativas como a do Instituto Alinha e seu projeto de *blockchain* na moda; o Instituto C&A, financiando projetos que proponham soluções para a moda; a Renner e suas iniciativas em sustentabilidade; o Brasil Eco Fashion Week, evento gratuito e totalmente dedicado à moda sustentável no Brasil; o processo de conscientização sobre o plástico; o Trama Afetiva, que busca resgatar a poesia e o artesanal do design na moda, com propostas de economia circular; o avanço dos movimentos vegano e vegetariano; o maior uso de bicicletas; a explosão das startups; e as grandes empresas inserindo diversidade e inclusão em suas agendas de treinamentos, além de yoga e meditação. São quase infinitos os sinais de um tempo de transição, quebra de paradigmas e novas conexões.

NÓS SOMOS A MODA. AS PESSOAS.

É esse novo conceito que se desenha, com tantas outras pessoas testando, experimentando, defendendo e buscando novas formas de fazer e de ser moda.

O movimento sustentável mundial abalou as estruturas da moda nos últimos anos, ainda bem! Sendo a indústria da moda altamente poluente, seus processos de fato precisavam e ainda precisam ser modificados. Quanto mais fundo entramos na questão da sustentabilidade ambiental, mais percebemos que ainda não existe moda sustentável, uma vez que a maior parte das iniciativas nesse sentido segue na produção de novos produtos, mantendo ativa a roda do consumo desenfreado, mas dessa vez com produtos em algum ponto sustentáveis. Assim, é o próprio consumo que precisa ser pensado, e qualquer aparente solução dá conta de uma ou outra questão, mas não de toda a indústria. Estamos em busca de soluções e sabemos que elas não são simples. No artigo "A indústria da moda brasileira e seus principais desafios para a sustentabilidade", Marina Colerato, em conversa com especialistas, detalha:

> **"Depois de produzir peças que realmente contemplem os desejos do público, o desafio é quebrar a mentalidade e atuação linear da moda. Um desafio que não se limita ao âmbito nacional, mas à indústria da moda global. Extrair, produzir e descartar é um modelo que está deixando de fechar a conta, mas os desafios para circularidade da moda vão além da responsabilidade estendida pelo produto. 'Você tem que repensar escolhas dos materiais, trocar o algodão por algodão orgânico, usar menos químicos e químicos mais seguros, usar menos água no**

processo, pensar num produto que, ao final do seu uso, possa voltar para o ciclo', destaca Ortega (Giuliana)." (COLERATO, 2019)

Com isso, percebemos e entendemos que para criar produtos de moda de forma mais consciente e talvez mais sustentável, as marcas precisam conhecer e seguir tais propósitos. André Carvalhal escreveu uma trilogia de livros (*A moda imita a vida*, *Moda com propósito* e *Viva o fim*) que ampliou o olhar para esse movimento e colocou em pauta a corresponsabilidade do marketing, a partir do termo marcas com propósito. Não basta mais criar produtos com matéria-prima orgânica ou biodegradável, fazer modelagens *zero waste* e abolir as embalagens de plástico; sua marca, seu branding, precisam comunicar que você existe por um propósito. Qual é ele?

Com sua trilogia, Carvalhal foi a primeira personalidade da área que, depois de muito tempo, aproximou a moda do público, com livros que foram bastante comercializados no Brasil. De novo: ainda bem! Soluções mágicas não existem, principalmente quando falamos em transformações de mentalidades reforçadas por um período tão longo.

Paralelamente a isso, o Fashion Revolution, criado para trazer luz às relações de trabalho na moda, ganhou força mundial, e passamos a perguntar quem fez nossas roupas, quem as fez de fato! Mas, apesar de um nome e um slogan maravilhosos, grande parte das pessoas continua comprando roupas sem saber, porque o buraco aqui é bem mais embaixo.

Outros movimentos sociais globais têm crescido a cada ano, como os movimentos feminista, negro, LGBTQ+ e plus size, rompendo com as barreiras sofridas pelas ditas minorias, que têm se mostrado maiores do que os tais padrões normativos e deixado de ocupar apenas a periferia das mídias, ganhando mais espaço. Esses movimentos também impactaram a moda e demandaram representação. Milhares de eventos, marcas, influenciadores, livros, canais de YouTube e tudo que existe de comunicação na sociedade contemporânea trouxeram de alguma forma essas temáticas e essas pessoas para falarem. Finalmente.

O conceito de moda como mera reprodução já não é mais adequado: queremos representação, queremos tantas coisas mais que vai ficando cada vez mais difícil para o marketing entender e absorver o que de fato queremos. Mas, percebam, estamos falando aqui sobre consumo, consumir coisas e pagar por elas de alguma forma, com capital ou com nosso tempo, sejam elas um produto, uma imagem ou um comportamento.

Como assim, consumir comportamento? Assumindo uma postura de persona fashion, que traz consigo os elementos estéticos e os modos sociais. Quando menciono consumo de comportamento, falo sobre um consumo que projeta nos produtos uma necessidade imaterial. Suponhamos que você compre o tal vestido que a Rihanna usou no Baile do MET. Essa peça é praticamente um figurino, pois pertence, em sua mente, a uma celebridade num momento que para você é um espetáculo, mas que para ela é apenas um evento social. Ao vestir a mesma peça, não é só a roupa que você está vestindo, mas a postura, o caminhar, o olhar... Tudo isso é de certa forma reproduzido, pois inconscientemente acredita-se que para usar aquele vestido é necessário ter determinado comportamento.

Ainda assim, nossa vida vai mesmo se resumir ao consumo? Vamos colocar tudo em caixinhas, rotular com nomes mais moderninhos, e é isso?

Se consumirmos marcas com propósito, está tudo bem? O "bom" comportamento, então, está garantido? A moda como expressão de ser é muito mais do que produtos e consumo.

Ainda que o próximo negócio do marketing seja o *storytelling*, as histórias que a moda nos conta nem sempre são bonitas, são histórias humanas repletas de complexidades, e não dá mais para ignorar isso e mascarar a realidade com uma nova campanha.

Seguimos falando de moda, mas tenho certeza de que já deu para perceber que não estou falando apenas do lookinho, certo?

E é quase impossível falar de moda sem falar de beleza.

Maquiagens, cabelos e efeitos cosméticos são elementos que compõem o que chamamos de **imagem de moda**, e nessa indústria também houve uma demanda por representação. Novas marcas e produtos surgiram para atender a esses comportamentos supostamente novos. Acessórios, músicas e suas personas musicais, filmes e todas as formas de expressão que formam o tecido cultural fazem parte de uma gama de estilos de vida que somos convidados a escolher e viver.

A moda é parte de uma indústria muito maior do que ela própria: a indústria cultural.

Mas, de novo, estamos falando em produção e consumo.

A moda como fenômeno nascido no sistema capitalista aparentemente só poderia existir estabelecendo uma relação com esse sistema, ou seja, capitalizando todas as suas ações. Acontece que o sistema existe independentemente dela, e talvez, da mesma forma, a moda também possa ter uma vida independente ou, pelo menos, provocar, questionar, tensionar.

E por que não transformar esse sistema de alguma forma?

Nesse sentido, o que se propõe é um novo ou outro conceito de moda, que acolha a diversidade, que seja humano e que contemple as multiformas da moda, que não existe sozinha, mas que hoje, no contemporâneo, estabelece conexões transversais com áreas distintas e diversas, em relações não lineares, extremamente criativas e com redes não centralizadas. É a moda, muito além da moda. :)

COMO A MODA SE FAZ?

Aqui moram nossas maiores ilusões, relativas a processos, relações de trabalho, sustentabilidade... tudo! Como é a moda e como ela é representada popularmente são dois universos completamente diferentes. A resposta para essa pergunta poderia ser o próprio fazer da moda, sua grande cadeia produtiva, suas muitas profissões, que vão do estilista ao vendedor, e todo esse sistema da moda já retratado em outros livros de forma bastante detalhada e didática. Mas é isto que queremos saber quando perguntamos "como?", a resposta padrão? O sistema já é claro ou, se não é, não é difícil conhecê-lo, basta dar um google. O **como** que queremos aqui transcende o processo produtivo da indústria têxtil e entra no âmbito humano, porque é sobre isso que estamos falando, sobre pessoas.

A relação humana com a moda é inerente à vida.

Pesada essa frase, né? Mas, assumindo e aceitando os modos da sociedade contemporânea, é o que é. Você não ensina moda para as crianças, mas elas querem usar determinada peça combinada com outra por algum motivo. Gosto ou personalidade? Antes disso, vem o olhar e o conviver com imagens que são registradas automaticamente, que têm significados diversos e que vão formando os tais gostos e personalidades. De forma consciente e consensual, ou não, relacionamo-nos com a moda desde que saímos da barriga de nossas mães. O primeiro macacão foi escolhido com alguma intenção e, mesmo que não tenha sido escolhido – como num cenário de limitações de recursos em que um bebê veste uma peça doada ou aquela que havia no hospital –, aquela peça carrega representações. Tudo mais que for vestido durante a vida, combinado com os comportamentos adquiridos com o tempo, tem relação direta ou indireta com a moda.

Ou você cria as imagens ou você as consome. Não há escapatória.

E, nesse consumo, os impactos e as influências são inerentes.

Os comportamentos humanos no contemporâneo são ancorados em signos.

A moda carrega signos em tudo e manipula esses signos de acordo com o propósito de quem a faz. Quem a veste está se vestindo de significados e muitas vezes de forma inconsciente, assumindo papéis e adquirindo comportamentos representados por aquelas peças. Você nunca vestiu aquela roupa e pensou: "Hoje eu vou arrasar!", ou "Hoje eu vou ficar em casa e ninguém vai me ver!", ou ainda "Nem pensei no que vestir!"? Não escolher a roupa é não refletir sobre seu papel no mundo. Já pensou nisso? Ignorar o que se veste é ignorar seu papel, sua função social e sua própria essência de expressão, é ignorar o fato de que convivemos muito mais do que vivemos no individual: somos coletivos.

Você pode, sim, expressar-se de outras formas, por meio da fala, do cabelo, de gestos ou do comportamento, que é estimulado pelo que se veste – ou seja, outra vez, escolher de forma consciente o que você vai vestir é seu manifesto pessoal naquele dia e naquele momento, é um discurso poderosíssimo e que ninguém deveria fazer por você.

Para se vestir, você não precisa conhecer e reconhecer todos os signos que a moda utiliza, mas saber que eles existem é fundamental para entender os mecanismos por meio dos quais a moda funciona na realidade.

Digo na realidade pois o universo da moda representado nas grandes mídias é um recorte fantasioso de poucas figuras profissionais da moda, que infelizmente ainda hoje pautam nosso parâmetro de sucesso na área. Quando falamos que estudamos ou trabalhamos com moda, já passa um filme na cabeça de quem ouve sobre como somos e como são nossa rotina e nosso cenário de trabalho, e a mente desse interlocutor fica tão turva com tantas plumas, glitter e purpurina que é impossível para ele ver a realidade desse ofício e área de estudo. No segundo e no terceiro capítulo, vamos saber por que isso acontece e veremos o que está por trás de todos esses elementos imaginários da moda.

No artigo que escrevi em colaboração com o Modefica sobre os modelos mentais da moda (ANJOS, 2018), cito o exemplo do filme *O diabo veste Prada*, lançado em 2006, que é de longe uma das maiores referências no cinema ao universo de trabalho na moda. O filme é um *blockbuster* e, por ter atingido um grande público, validou e consolidou estereótipos do Olimpo fashion. É interessante perceber que mesmo com representações de pessoas prepotentes, arrogantes, tristes e aparentemente alheias ao mundo externo ao da revista e da moda, e ainda com uma alusão quase literal à maior editora de moda dos últimos tempos, não houve reclamações de profissionais da área para que não os representassem daquela forma. Isso acontece porque é assim mesmo. A representação daquele recorte, de forma escrachada e fantasiosa, é de fato o que acontece na maioria das redações e dos estúdios de moda. Mas, veja você, antes de aquelas roupas chegarem até lá, muito foi feito, houve **muito** trabalho. O filme apresenta, portanto, um recorte, uma etapa que nem todas as marcas podem ter em seu itinerário. Aquele é um caminho possível na jornada profissional da moda, mas não é o único.

Ainda no mesmo artigo (ANJOS, 2018), cito também a série do Netflix *Girlboss*, que levou para as telas o livro de Sophia Amoruso, em que a autora conta a história do Nasty Gal. A atitude da personagem, lançada em 2016, dez anos após Miranda Priestly, em quase nada divergia de sua antecessora, que também saiu de um livro. A arrogância, a individualidade, a agressividade na fala (ou comunicação violenta) e a prepotência também estavam presentes, dessa vez numa jovem empreendedora de um brechó on-line. Mas a jaqueta que ela vestia e que foi, na história, o objeto que simbolizou todo o seu negócio representava também seu poder sobre os outros reles mortais, que não eram capazes de enxergar o que ela enxergava nas peças que escolhia. O suposto talento nato que você tem ou não tem para trabalhar em certas posições da moda continuou validado para muitas outras gerações, e o suposto comportamento que se deve ter para chegar lá também.

Parece que, assim como o pretinho básico, o comportamento que veste os profissionais da moda como um uniforme é esse retratado acima, seguindo um padrão de sucesso importado de outros países, que subjuga relações humanas e exalta o poder. A cadeia produtiva de moda tem, na realidade, poucas pessoas na função de editora-chefe de revista, como a personagem Miranda Pristley, mas muitas outras pessoas, em cargos e posições diversas, insistem em reproduzir esse comportamento tóxico, seguindo o modelo de sucesso estabelecido. Ao mesmo tempo, outra fatia grande de trabalhadores da área tem comportamentos completamente diferentes disso: trabalham com ética, afeto, cuidado e muita competência, o que permaneceu "fora de moda" ou fora do mainstream até pouco tempo atrás.

O modo como as coisas acontecem na moda é assunto para uma vida inteira. Como todo sistema, as coisas se dão do jeito que se dão, e permanecem assim até que haja alguma ruptura, que pode acontecer por diversas razões.

Quando começamos a trabalhar na área, surgem dezenas de "oportunidades" de trabalho para "aprender" e "fazer portfólio". Isto é bastante comum na moda: trabalhar por uma estrelinha na calçada do *status* fashion, enquanto suas contas continuam chegando na mesma data.

Muitas justificativas são criadas para essa forma de ingresso no mercado, servindo de ilusão para quem está trilhando sua jornada em direção a um sonho que aos poucos vai virando pesadelo. Na sequência do trabalho "voluntário", que de beneficente não tem nada, vem uma série padrão que começa com ninguém saber seu nome – lembra da Emily, de *O diabo veste Prada*? Frases como: "Muitas pessoas queriam estar no seu lugar!", "Essa é uma oportunidade única!", "Você viu, que catering ótimo!" são comuns, como se fosse tudo bem trabalhar por comida enquanto outros profissionais ganham rios de dinheiro realizando o mesmo trabalho.

Em seu livro *Quando: os segredos científicos do timing perfeito*, Daniel H. Pink descreve em um capítulo inteiro a importância dos inícios, afirmando que pessoas que iniciam suas vidas profissionais em períodos de crise ou que começam ganhando salários muito baixos carregam essa desvantagem por longos períodos em suas carreiras, e a maioria delas não consegue tirar esse atraso em toda sua trajetória profissional. No mundo da moda, ingressar no mercado e ter a pseudo-oportunidade de estar perto dos deuses do Olimpo fashion exige quase que um pacto com o diabo, para que você possa transitar por esse rolê como *insider*.

Mas será que precisa ser assim?

Será que essa postura ainda cabe na moda de hoje, cuja cadeia inteira tem sido objeto de demandas urgentes? Será que a entrada no mercado de trabalho também é um ponto a que devemos nos atentar?

Esse "como" também precisa ser reescrito. Porque a resposta é a mesma: "Não!".

O PORQUÊ DA MODA

O propósito das marcas de moda foi amplamente discutido na trilogia de Carvalhal, conforme já falamos, e aqui nos cabe pensar em outro propósito, o nosso. Como seres humanos. A moda é uma entre tantas formas de expressão cultural; ela é reflexo de quem somos e por isso se perpetua, continua com a mesma força dos nossos próprios desejos e necessidades de expressão.

Por que precisamos de tanto para nos projetar no mundo?

Temos consciência do papel que a imagem desempenha em nossa projeção?

Temos consciência do quanto apenas reproduzimos e de quão pouco de fato criamos em nossas próprias expressões imagéticas?

Nós nos tornamos aquilo que produzimos artificialmente, esforçamo-nos para essas imagens preencherem vazios internos e essenciais. Desejamos com tudo que somos ser aquilo que estamos projetando, **mas ao olharmos no espelho a imagem quase nunca bate**.

Considerando a necessidade humana de pertencimento, as imagens individuais produzidas, projetadas num mundo coletivo, tornam-se ilusões padronizadas.

Sugiro um exercício rápido. Entre no seu Instagram ou em uma mídia social de imagem e escolha o perfil de uma pessoa que você sabe que trabalha com moda. Analise as imagens dessa pessoa com outras pessoas, se houver:

O quanto essa pessoa se parece com seu grupo de *amigues* da moda?

O quanto essa pessoa se parece com outras pessoas da mesma profissão ou do mesmo círculo de convívio?

Não parece tudo muito igual para uma área que deveria ser criativa?

São personas e personagens, poucas pessoas de fato.

Treinar esse olhar para observar padrões era uma das tarefas de um dos deuses do Olimpo mais famosos: o coolhunter. Uma figura quase nunca vista, porque afinal estava sempre em algum lugar do mundo pesquisando, desvendando "coisas legais" – porque essa é a tradução literal: "caçador de coisas legais". Em português não parece tão legal assim, né? Então mantemos o termo em inglês, como tantas coisas na moda. Foi a moda que deu às tendências essa fama toda. Os *bureaux* de estilo eram escritórios de pesquisa que montavam livros com os relatórios dos resultados, já com produtos de moda que traduziam as tais tendências pesquisadas. Por conta disso, a palavra "tendência" também passou a ser empregada erroneamente como o produto, e não o comportamento, como vemos até hoje nas mídias sobre moda: "tendências do verão", "as peças-chave sem as quais você não pode viver na estação do sol". Esse sistema alimentava as confecções e criações, padronizando tudo, de novo.

Com a abertura da internet, a melhora econômica do país, mais pessoas viajando e grandes marcas internacionais chegando, as fontes de pesquisa ficaram mais acessíveis, e os tais *bureaux* evoluíram para plataformas de pesquisa de tendências, que passaram a nos mostrar não só os desenhos das peças que deveríamos fazer, mas o porquê. Os comportamentos ganharam espaço, e assumimos que as pessoas compram muito mais do que produtos. Ainda assim, a forma como as marcas e as confecções consomem essas informações não mudou. Para manter a roda do sistema girando são necessárias receitas, listas, desenhos, formas, cores e padronagens que possam ser usadas na hora e entregues para o time de estilo correr para transformar aquilo em ficha técnica e tão logo ter a peça-piloto.

Apesar de riquíssimas informações à disposição nessas plataformas, o que continuou interessando à grande moda foi o mais do mesmo.

Com estoques cheios de coleções passadas e duplicatas mil empilhadas na mesa, ainda é muito difícil romper com os **nossos** comportamentos adquiridos ao longo do tempo. Em um mercado que supostamente vende sonhos, desejamos a fórmula mágica que vai fazer vender todas as peças daquela coleção.

Pois bem, essa fórmula não existe.

Fazer moda porque é legal, divertido, bonito, *fancy*, *très chic*.

Porque se tem *feeling*, bom gosto, talento, dom, mágica.

Porque existem experiências e mil histórias que sempre são melhores do que as histórias dos outros.

Porque, porque, porque... Por quê?

Para muitas pessoas é difícil dizer o porquê da moda, assim como é difícil compreender seu próprio porquê.

Mais uma vez: a moda não existe, o que existe são pessoas e suas vidas, suas escolhas e seus motivos.

Nesse contexto, ainda falta discutir um dos grandes catalisadores da moda e veículo responsável por levar ao grande público o imaginário ilusório do universo fashion: o entretenimento.

MODA E ENTRETENIMENTO

Por conceito, entretenimento é o lazer fácil, que requer pouca reflexão e ativação cerebral. São os padrões já há muito reproduzidos um sem-número de vezes, e que, com roupagens diferentes, captam nossa atenção nos momentos de recarregar energias e poupar a que já temos. No Brasil e nos países latinos, as novelas têm grande engajamento, trazendo sempre repetidas fórmulas mágicas em seus roteiros, o que, no entretenimento de massa, é mais do que possível: é necessário.

Talvez possamos comparar o fast fashion ao entretenimento. Consumir peças que sabemos que são copiadas, mas são fórmulas mágicas de estilo reproduzidas e acessíveis a um grande público, causando um estranho prazer de lazer.

O entretenimento tem como objetivo entreter e divertir, e foi se misturando com ele que os grandes cenários da moda que moram no imaginário coletivo foram formados. Os desfiles de moda sempre foram, desde Worth, muito mais do que exposição de produtos: a reunião, os encontros, os comes e bebes, as risadinhas nas rodas de conversa, a exposição dos looks de que quem desfila e de quem assiste, a música, a luz e tudo mais que pode acontecer em um evento de moda extrapola a cadeia produtiva da indústria têxtil e cai como uma luva, de pelica, na indústria do entretenimento.

E nesse palco, senhoras e senhores, quem faz sucesso são personagens, e não pessoas. Dá pra entender?

Neal Gabler fala em seu livro *Vida: o filme* sobre o momento em que a fantasia saiu das telas e palcos e se misturou com a realidade. Já faz bastante tempo que a própria vida se tornou espetáculo, e a moda deu conta não apenas dos figurinos, mas de contribuir com traços comportamentais dessas personas com quem convivemos hoje como se fossem pessoas. Os *realities shows* na década de 1970 tiveram como primeiro representante um programa que mostrava o divórcio de uma família nuclear e o ápice da revelação de um filho gay: *An American family*, de 1973, mostrou-nos que a vida real podia ser exibida no mesmo formato que uma ficção. Na sequência, *COPS*, em 1989, mostrava perseguições policiais que pareciam cenas de filmes de ação muito bem produzidos, mas era a vida real. A série da MTV *Na real*, lançada pouco depois, em 1992, conquistou o público jovem com o quê? Realidade. E, finalmente, em 1999 foi lançado o *Big brother*, que abriu as portas para uma chuva de programas de realidade em segmentos de gastronomia, relacionamentos, empregos e tudo o que envolve a competição na vida cotidiana (MATEUS, 2012). Cada mídia faz sua leitura dos comportamentos emergentes, e o cinema, um ano antes da estreia de *Big brother*, lançou *O show de Truman*, com Jim Carrey. O filme de Peter Weir, com roteiro de Andrew Niccol, mostra um personagem que teve sua vida inteira televisionada, sem saber. Truman Burbank nasceu e cresceu num *set* de filmagem que foi preparado para substituir o mundo real para ele, e cada passo de sua vida foi televisionado como uma série para entreter quem a assistia. O filme, de forma muito elegante e sensível, já previa e fazia uma crítica ao extremo da exposição e da vida que teríamos hoje, vinte anos depois dos anos 2000. A crítica não segurou essa tendência em que a própria vida se tornou o espetáculo. Em 2014, foi a vez de a moda ser analisada como metaexpressão da vida no livro de André Carvalhal, *A moda imita a vida*.

A moda, aqui colocada como forma de narrativa, vestiu essas pessoas, personas, personagens, para quem essas definições se confundiram no decorrer do tempo. O que é realidade, o que é registro, o que é ficção e o que é realidade produzida já não é tão claro em nossa mente, porque tudo faz parte de uma macronarrativa da sociedade contemporânea, que parece já não querer distinguir uma coisa da outra. Trata-se apenas do viver no contemporâneo e suas muitas faces. As redes sociais levaram essa discussão a um nível ainda mais profundo, criando ambientes digitais e virtuais onde podemos interagir socialmente. Isso significa que não estamos mais apenas assistindo a vidas alheias pelas telas da televisão ou do cinema, mas estamos nós mesmos criando, interagindo e vivendo essas histórias. Não é à toa que o Snapchat, o Tik Tok e depois o Instagram chamam os fragmentos de vídeos produzidos e publicados de **histórias** e mais recentemente de **cenas**. Esses registros da vida cotidiana saíram do âmbito profissional do audiovisual e caíram nas mãos de toda pessoa que tem um celular, tornando-se a principal ferramenta narrativa do espetáculo da vida. A praticidade de captação de cenas e os inúmeros recursos disponíveis para deixá-las mais bonitas e coerentes com a história que você quer contar nos tornaram diretores, roteiristas, editores e protagonistas de nossas próprias histórias, porém sem muita reflexão se aquilo de fato é nossa vida ou não. Não cabe aqui me aprofundar nessa questão, mas trazer à luz como esses novos ambientes sociais, linguagens, signos e formas de expressão fizeram-se necessários. Os emojis estão aí para contar a história de uma possível língua universal. E a moda como ferramenta de expressão, que usa e abusa de signos, deitou e rolou nessa nova era. A forma de pesquisa de moda mudou completamente, e não há um estilista sequer que não diga que não faz pelo menos uma parte de sua pesquisa no Pinterest. Essas novas mídias nos obrigaram a trabalhar de forma diferente a imagem e a comunicação de moda, com a adesão das marcas aos perfis de Instagram e aos fashion films, praticamente deixando de lado catálogos e lookbooks impressos, com apenas algumas iniciativas pontuais retomando catálogos impressos, a fim de resgatar memórias afetivas de consumidores dessa época áurea da moda. As blogueiras e depois influenciadoras digitais como novas celebridades se tornaram grandes aliadas da moda e passaram a ser um dos principais canais de promoção de marca e ferramenta de venda. Com tantas mudanças, uma coisa não mudou: a necessidade de vender produto.

George Simmel, filósofo alemão, discute o papel do dinheiro na cultura – e também no entretenimento: olhando para o mundo que vivemos hoje, é realmente difícil desvincular um do outro. O dinheiro ocupa um papel de destaque na sociedade contemporânea, e isso não deve esvaziar nossa reflexão quanto aos valores humanos presentes naquilo que fazemos, e tampouco devemos ignorar essa questão. Numa proposta de conceito, é preciso considerar os elementos e cenários que se formam com os meios estudados.

A moda, inserida nesse sistema capitalista, tem de avançar para além da promoção de propósitos e das soluções sustentáveis a fim de efetivamente se desenvolver e evoluir na mentalidade de quem a faz e a consome. Não são poucas as empresas de moda que fecharam na última década, pequenas e grandes, não só no Brasil, mas no mundo. O relatório *The state of fashion*, produzido pela McKinsey & Company e The Business of Fashion, por quatro anos seguidos vem destacando o baixo crescimento da indústria, e palavras como insegurança, ansiedade e preocupação aparecem cada vez mais como descrição para o sentimento dos empresários pesquisados no mundo todo. É claro que cada região tem sua história e seu caminho; a Ásia, por exemplo, veio numa crescente nos últimos anos, mas também recentemente teve uma queda nesse crescimento, e é incrível que em todos os continentes pesquisados as palavras destacadas sejam as mesmas. **Isso se dá porque não importa qual seja a terra, somos humanos e a linguagem das emoções é a mesma**. A internet nos aproximou ainda mais e a construção de imaginários coletivos ganhou escala em distribuição de mídia. Os mesmos empresários respondentes da pesquisa destacam os principais pontos que impactaram os negócios de moda em 2019: consumo consciente, inclusão, diversidade e sustentabilidade, além de promoção e digitalização, estão entre os principais fatores (AMED et al., 2019). A gente já falou umas páginas atrás sobre esses movimentos, mas muitos ainda acreditam que são movimentos passageiros, uma nova modinha que daqui a pouco passa, mas essa falta de conscientização tem custado à indústria tempo precioso de reflexão e ação para a mudança. Os números da maioria das empresas seguem ladeira abaixo, enquanto as poucas, chamadas de *super winners* na pesquisa, que dominam o mercado são as únicas a aumentarem as cifras a cada ano. Trata-se de vinte empresas no mundo que detêm os maiores números de consumo de moda – em 2018, 70% delas concentrava-se no setor de artigos esportivos. Isso nos diz muita coisa, pois, enquanto estávamos discutindo o comportamento das gerações babyboomers, X, Y, millennials, Z, Flux, True Gen, ou seja lá o próximo nome que daremos para nossas caixinhas, os jovens estavam consumindo e influenciando a direção do consumo para esse segmento, que atendeu rapidamente aos anseios por roupas e acessórios fluidos, que possibilitam mobilidade e são de fácil uso para o esporte, para o lazer, para o trabalho ou para o rolê. Os espaços e ocasiões de uso que misturaram marcas de streetwear e sportswear atenderam muito bem a esse comportamento que emergiu como uma bomba na última década. Os tecidos mais leves, mais tecnológicos, a possibilidade de composição de looks com peças de brechós se destacaram, e o estilo "anos 90", que foi o auge do streetwear, voltou com toda força. Por isso, não é à toa que a empresa no topo da lista seja a Nike. O outro segmento que compõe a lista são os grandes grupos de luxo, reforçando que, apesar de toda a situação econômica mundial, o mercado de luxo ainda consegue dar conta de inovar e vender para manter o seu poder.

Tudo isso quer dizer o quê, exatamente?

Definitivamente, não dá mais para falar de moda apenas considerando artigos de vestuário, composição de looks, desfiles de moda, *shootings* e editoriais, revistas ou influenciadoras. A moda transcende seu próprio conceito, embrenhou-se nas ciências sociais, na antropologia, na semiótica, na política, na educação, na comunicação, na tecnologia, no marketing, na inovação, na economia, na ciência de dados, na estatística, e eu poderia seguir aqui essa outra lista, de áreas com as quais a moda se relaciona. **O conceito de moda na contemporaneidade é plural, multidisciplinar, não linear e não cabe em uma frase.**

MODA E NEUROESTÉTICA

O que é a moda senão o auge da junção de elementos estéticos na experiência da vida? A moda não é considerada uma arte, mas é parte fundamental da cultura, e se constrói por meio de inúmeros elementos estéticos que se articulam. Assim, é impossível desconsiderá-la no campo de pesquisa da neuroestética, uma das linhas que permeiam a neurociência.

Na história da humanidade e da ciência, os estudos sobre o cérebro não eram praticados até relativamente pouco tempo atrás. As religiões e os conhecimentos místicos impediam os avanços da ciência nesse campo, e por muito tempo o coração foi tido como o centro ou o órgão mais importante do corpo humano. As pessoas acreditavam que era o coração o responsável pelas principais funções da vida e também pelas emoções e sentimentos.

> **"Agora, sabemos que sentimos as coisas 'acontecerem' perto do coração – no peito ou na barriga – basicamente por conta das nossas vísceras, que são instrumentos reacionais do nosso corpo." (TIEPPO, 2019, p. 6)**

Foi Descartes, no século XVII, que, com sua teoria do dualismo, separou o corpo da mente e possibilitou o estudo do corpo humano sem macular crenças religiosas. Luigi Galvani, no século XVIII, e Bois-Reymond, no XIX, demonstraram que a atividade elétrica do cérebro era responsável pelo estímulo nervoso que provocava a atividade motora. No final do século XIX, a geografia básica do cérebro e o sistema nervoso já eram conhecidos; até o final do século XIX, porém, não tínhamos informações concretas sobre o que constituía o cérebro. O neurônio ainda não era conhecido e não tínhamos ferramentas que tornassem visíveis essa célula tão importante do cérebro. Camillo Golgi criou em 1873 um método chamado "técnica de reação negra", que tingia com nitrato de prata os tecidos nervosos, expondo os neurônios. Com esse avanço, as pesquisas relacionadas ao cérebro foram aprofundadas no século XX e foi possível relacionar o neurônio com a atividade elétrica cerebral e, um pouco depois, enxergar a sinapse, a comunicação entre os neurônios. Quanto mais avançavam as pesquisas sobre o sistema nervoso, mais se percebia sua complexidade como campo de estudo.

Nesse sentido, a neurociência nasce da congregação de áreas como psicologia, ciências sociais e econômicas, associando a pesquisa de comportamentos à biologia, à filosofia, à antropologia, à linguística e à inteligência artificial. Como uma ciência multidisciplinar e abrangente, a neurociência busca compreender cada vez mais o funcionamento do cérebro e o sistema nervoso (TIEPPO, 2019). Com essa amplitude de atuação, não é fácil definir a neurociência, tão complexa quanto nosso próprio sistema nervoso, pois trata-se de uma ciência que dialoga com diversas áreas do conhecimento, buscando desvendar o universo particular humano e suas experiências por meio do cérebro.

No diálogo da neurociência com a moda, proposto neste livro, emprestamos da neurociência os estudos de estímulos externos, que incluem elementos e composições estéticas, para então desvendar seus impactos em nossas emoções e sentimentos. A esse fio damos o nome de **neuroestética**.

Em 1999, o neurologista britânico Semir Zeki foi o primeiro a cunhar o termo neuroestética, abrindo caminho para que neurocientistas cognitivos começassem a estudar como e por que os seres humanos respondiam ao estímulo da arte. No início, os estudos consistiam em pesquisas para colher dados referentes aos estímulos visuais e auditivos e descobrir o que acontece com nosso cérebro quando vemos uma tela de Picasso ou ouvimos uma sonata de Beethoven. Com o passar do tempo, mais cientistas e profissionais de outras áreas criativas se interessaram por essa linha da neurociência, e o escopo das pesquisas foi ampliado para estudar os impactos biológicos e nas emoções causados pela experiência estética.

Susan Magsamen, por exemplo, é diretora executiva do Laboratório Arts+Mind, da universidade americana Johns Hopkins, na qual estudos da neuroestética são desenvolvidos com o objetivo de identificar e medir como o nosso cérebro é influenciado pelas artes e como podemos utilizar esse saber para ampliar o potencial humano, nossa qualidade de vida e nossos aprendizados. Susan fala sobre a importância de questionarmos nossas experiências e transformarmos em dados **o que**, **como** e **quando sentimos** para nos conscientizarmos dos estímulos que recebemos a todo momento e do impacto que geram em nosso organismo (IAM LAB, s. d.). Um bom exemplo é como, de acordo com a música que está tocando, nossa pressão sanguínea pode ser alterada. É difícil atentarmos aos impulsos visuais aos quais somos expostos e inclusive àqueles que criamos com o que vestimos: todos eles geram impacto físico e biológico em nós. Talvez você nunca tivesse refletido sobre isso, mas tenho certeza de que já pensou: "Estou me sentindo ótima com essa roupa!" ou "Estou incomodada neste lugar", atribuindo o bem ou o mal-estar ao tecido que é gostoso ou ao santo que não bateu com o da outra pessoa que estava no mesmo ambiente que você. Falhamos em fazer análises mais profundas sobre os elementos estéticos e assumir que as cores, texturas, sons, formas e composições com todos esses elementos nos transmitem mensagens que recebemos inconscientemente e elaboramos em forma de sensações e emoções. E, mais do isso, essas emoções alteram a temperatura da nossa pele, nossa pressão sanguínea e nossa frequência cardíaca. Logo, podemos perceber que experiências estéticas, como as que temos com a moda, impactam diretamente nosso corpo como um todo.

Como processo natural e com o avanço de pesquisas, finalmente resolvemos assumir que temos um cérebro e que suas funções excedem o que chamamos por muito tempo de inteligência. Daniel Goleman escreveu diversos livros sobre a inteligência emocional, que é a forma com que lidamos com nossas emoções, ampliando também a discussão e a consciência sobre o que acreditamos ser inteligência. Não somos, então, apenas animais racionais com um cérebro capaz de fazer equações hipercomplexas, somos seres humanos que sentem todas as experiências do viver na pele, literalmente.

Uma outra linha de pesquisa da neurociência é a neuroplasticidade, que estuda as modificações cerebrais que acontecem no decorrer da nossa vida de acordo com as experiências às quais somos expostos. O melhor e mais simples exemplo disso é uma pesquisa da University College London, coordenada pela professora Eleanor Maguire, do Wellcome Trust Centre for Neuroimaging, publicada em 2011, que mostra como o cérebro dos taxistas londrinos tem o hipocampo literalmente maior, pois essa parte desempenha um papel fundamental na localização espacial e na navegação (MITCHELL, 2008). Isso acontece porque as ruas de Londres não têm uma organização padrão como as de Nova York, por exemplo, que são numeradas para leste, oeste, norte e sul; ou seja, para conseguir trabalhar de forma eficiente, os taxistas londrinos tiveram de se esforçar muito mais para aprender os caminhos e isso modificou sua estrutura cerebral. Demais, né? :) Lembra que falei há pouco sobre o conforto e a saúde mental que os padrões nos proporcionam? Era a isso que me referia. O cérebro humano cria hábitos no intuito de poupar energia, de fazer a manutenção sustentável da própria vida.

Ainda não posso afirmar que o impacto das imagens de moda no nosso cérebro cause modificações nesse nível dos taxistas londrinos, mas vamos, no decorrer do livro, discutir e analisar as emoções que imagens e situações que vivemos por meio da moda nos fazem sentir. Dessa forma, poderemos perceber mais claramente a quais imagens e experiências somos expostos, o que transmitimos quando somos nós quem criamos essas imagens e experiências estéticas, e como podemos utilizar esses recursos e ferramentas para o bem-estar e para a evolução do potencial humano.

MODELOS MENTAIS NA ÁREA DE

MODA

– O IMPACTO DAS IMAGENS A QUE SOMOS EXPOSTOS

O INFERNO SOMOS NÓS

> *"Todo mundo quer ser a gente"*
>
> (FALA DE MIRANDA PRIESTLY NO FILME *O DIABO VESTE PRADA*, 2006)

Atenção, pois a frase não é: "Todo mundo **pode** ser como a gente".

Querer ser pressupõe o desejo, mas não implica realização.

Querer ser alguém sinaliza uma insatisfação em ser quem se é, e uma idealização de outro alguém que se tem a ilusão de ser melhor.

Trabalhar com moda é *hype, fancy*... No imaginário coletivo, essa área está ligada a uma categoria especial de pessoas que exercem seus ofícios junto a outras pessoas especiais, legais, lindas, num ambiente cheio de plumas, de paetês e de equipamentos do futuro que ninguém sabe para que servem, com maquiagens caras e com roupas que só existem nesses lugares e só podem ser usadas por essas pessoas. Essa é uma descrição infantil sobre o ofício da moda, mas não podemos negar à moda sua característica lúdica. "Se montar", "preparar o look" e o cuidado com cada elemento que compõe o outfit não difere muito do comportamento infantil de se fantasiar de seu personagem preferido. Existe uma infantilidade que permeia as percepções e ações de quem usa e de quem trabalha com moda.

Isso acontece porque em toda montação existe o desejo de fazer parte de um grupo, e por trás de cada detalhe de um styling de moda busca-se dar mais um passo nessa trilha que leva à composição de nossa realidade psíquica. Existe algo que as superproduções estão ajudando a externar e expressar, significados subliminares que fazem parte do nosso **discurso vestimentar**, termo cunhado pela designer e pesquisadora Maíra Arcoverde (2014). O fato é que esse discurso muitas vezes é inconsciente, as escolhas por essa ou aquela combinação e composição são manifestações automáticas de desejos desconhecidos, que compõem as histórias pessoais e os aprendizados com o meio (NAVARRI, 2010).

É interessante pensar que muito da moda foi construído sobre essa busca por pertencimento, aceitação, reconhecimento e formação das identidades individuais e coletivas. A disseminação de elementos, signos e expressões diversas acontece por meio das próprias pessoas quando vestidas com seus looks escolhidos. Elas se tornam mensagens vivas, e essas mensagens são catalisadas pelas **imagens de moda** em seus multicanais de comunicação e experiência.

Por imagem de moda entende-se aquela que traz elementos característicos de catálogos, publicidade e ensaios fotográficos: modelos brancas, muito magras, altas; calçados, acessórios e roupas de grandes marcas; atitude/poses marcantes; composição de cores harmoniosas; cenografia, locação ou fundo infinito/neutro para destaque das roupas; iluminação desenhada para o contexto daquela imagem.

CAMPANHA DA MODELO GISELE BÜNDCHEN PARA A MARCA CHANEL.

https://avenue348.com/retro-chanel/

CAMPANHA DA MARCA FARM.

https://twitter.com/adorofarm/status/1169377513728040962?lang=ca

CAMPANHA DA MARCA ANIMALE.

https://revistahype.com.br/animale-aposta-no-beach-chic-para-colecao-resort/

Em 2019, o Metropolitan Museum of Art de Nova York realizou sua tradicional exposição de moda anual, abordando o tema camp, que nos ajuda a pensar sobre a montação na moda e nos dá algumas pistas de onde isso começou. O tema foi um dos mais festejados pelos stylists que vestiram as celebridades para o baile, pois se trata da possibilidade do exagero, do fantasiar ao bel-prazer, da subversão de regras, do brincar com o vestir no sentido mais literal possível. A interpretação do conceito é aberta, pois camp não tem uma definição descritiva estabelecida, é um termo que abre possibilidades para performances, no vestir e no agir. Sob esse conceito, a moda faz uso da reverência e da ousadia para transpor barreiras estéticas.

Em *Camp: notes on fashion*, livro desenvolvido para a exposição, Fabio Cleto descreve em seu artigo algumas possibilidades de conceituação do termo, a partir da publicação *Notes on camp*, de Susan Sontag.

THE MET GALA: BAILE ANUAL DO THE METROPOLITAN MUSEUM DE NOVA YORK CONHECIDO COMO O PRINCIPAL EVENTO DE TAPETE VERMELHO DA ÁREA DE MODA. EM 2019 O TEMA FOI CAMP – NOTES ON FASHION.

https://www.metmuseum.org/exhibitions/listings/2019/camp-notes-on-fashion/selected-images

CAMP...

"COMBINA CONTRAPOSIÇÕES, NÃO TANTO PARA RECONCILIÁ-LAS, MAS PARA COLAPSAR SUAS OPOSIÇÕES EM UM TURBILHÃO COGNITIVO DE TRANSIÇÕES."

"REPRESENTA UM ESPAÇO DE CONTRADIÇÕES."

"SOBRESSAI EM SUA HABILIDADE DE DESAFIAR CONVENÇÕES DE GOSTOS E BELEZA."

"SUBVERTE VALORES ESTABELECIDOS."

"É ANIMADO PELA FÉ NO PODER DA IMAGINAÇÃO HUMANA EM TRANSFORMAR E MESMO EM LIBERTAR. A BELEZA PODE TE FAZER LIVRE."

"NÃO PODE SER CLASSIFICADO EM NENHUM SENSO DE MUNDO. O CAMP SIMPLESMENTE ACONTECE."

(CLETO, 2019, P. 13, TRADUÇÃO MINHA)

"A essência do camp é seu amor pelo não natural do artifício e do exagero."

(SONTAG, 1964, p. 1)

Essa construção de imagem lúdica, que pode ser confundida com fantasiar ou criar um personagem, acontece de forma fluida. Para quem gosta, acompanha ou trabalha na área de moda, ocorre quase de forma inconsciente. Isso porque o tempo todo somos expostos a imagens, e, mesmo que não seja uma imagem de moda, toda publicidade de certa forma já possui signos que não precisam ser decodificados para serem consumidos. Calma, eu explico!

A utilização de figuras femininas em propagandas da Coca-Cola entre 1886 e 1936 nos mostra a mudança de vestimenta em ambiente de praia e piscina, e o despir do corpo que culmina na criação dos biquínis, na década de 1960. Mas não é só na roupa que se destacam as mudanças: a mulher retratada em 1936 sorri com uma postura leve, com os braços soltos, colocando a bebida em destaque, bem diferente daquela de

1886, que, além do corpo coberto, tem um olhar submisso, braços sobre as coxas, numa clara postura de recato. E é de longa data que bebidas relacionam o prazer de se refrescar com a imagem de mulheres, e a essa altura você já deve compreender o porquê.

CAMPANHA DE CINQUENTA ANOS DA COCA-COLA.

https://www.criatives.com.br/2012/06/inspire-se-com-propagandas-antigas-da-coca-cola/

Signos são elementos de expressão de significado que passam despercebidos por grande parte das pessoas. Signos e sua construção de significados são estudados pela semiótica – Charles Sanders Peirce e a paulista Lucia Santaella são verdadeiras autoridades nesse assunto, recomendo a leitura de suas obras. Essa ciência, aplicada à moda e ao comportamento, estuda, por exemplo, por que no Brasil estranhamos ver um homem vestindo uma saia. Será porque aprendemos que essa peça faz parte do guarda-roupa feminino? E como aprendemos isso? Vendo repetidas vezes mulheres vestindo saia. Podemos identificar diversas outras peças do vestuário como femininas. Como isso se constrói? Da mesma forma, repetidas vezes vimos em centenas de milhares de imagens mulheres usando batom vermelho. Mas o batom vermelho em uma mulher branca e loira significa uma coisa; em uma mulher branca de cabelos pretos, significa outra; em uma mulher negra, outra; e em um homem, outra. Nós não paramos pra pensar de onde vêm esses significados, que estão presentes na nossa vida em tudo que fazemos. Usei aqui exemplos muito simples, relacionados à identidade de gênero, pois são construções que acontecem desde a maternidade, na escolha da primeira roupinha do bebê e da lembrancinha para os visitantes. Assim, você começa a perceber como a vida é cheia de significados superficiais que nos parecem crenças tão certeiras que não nos damos nem sequer a chance de questionamento ou discussão a respeito. Os signos facilitam o cérebro na identificação, no reconhecimento e na configuração de padrões: vejo mais mulheres usando batom do que homens; logo, batom é para mulheres. Vejo muitos homens usando sapatos de couro em cores sóbrias e com salto largo e baixo; logo, esses sapatos são masculinos. Nas repetições do que vemos, criamos essas categorias que, no decorrer da vida, tornam-se *certezas*, e muitas vezes as defendemos com unhas e dentes como se fossem valores construídos com muita experiência. Uma mulher jogando futebol ainda causa estranhamento, mesmo em um país com a jogadora Marta, premiada tantas vezes como melhor jogadora de futebol do mundo e com habilidades técnicas muito mais admiráveis do que muitos famosos jogadores homens. Uma mulher gorda de biquíni estampando uma campanha publicitária é como uma provocação ao *status quo*, quando deveria ser apenas mais uma mulher bonita estampando mais uma campanha. Percebe que eu poderia escrever um livro com infinitas páginas apenas dando exemplos de concepções criadas ou disseminadas por imagens? É importante explicar que principalmente elementos de identificação de gênero não existem do completo acaso, há muita história para cada elemento e ela muda a cada país ou tribo; o que quis destacar aqui foi como esses significados são também disseminados por meio de imagens em diferentes mídias, e até esvaziam-se de suas histórias. Um exemplo também bastante simples é o vestido de noiva branco, que para nós é tão comum e "natural". Na China, comum é o vestido de noiva vermelho. A cultura é construída com esses milhares de signos, além de ser diferente em cada lugar. Até o final do século XVIII, os homens na Europa usavam muita maquiagem e se montavam como as mulheres o fazem hoje; em alguns países africanos as chefes de família sempre foram mulheres, e não homens. Há uma lista sem fim de exemplos de como as configurações do que conhecemos da sociedade se deram e de como sempre mudam com o passar do tempo.

BLAKE LIVELY, EM DIVULGAÇÃO DE BATOM.

https://archziner.com/fashion/make-up/christmas-makeup-red-lipstick-festive/

**EVA GREEN,
NO FILME *CASSINO ROYALE*.**

https://www.thecut.com/2014/10/hollywood-stylists-advice-for-regular-people.html?mid=pinterest_thecutblog

**FOTO DO
INSTAGRAM DE NYMA TANG.**

https://www.instagram.com/nymatang/p/Bzgp2KOgfN8/

**FOTO DO
INSTAGRAM DE EZRA MILLER.**

https://www.instagram.com/p/Bubg-j_A93e/?utm_source=ig_share_sheet&igshid=1ns405cfbhvg9

Pois bem, e o que isso tem a ver com o seu dia a dia? Tudo. Como eu disse lá atrás, ninguém sai ileso da moda, muito menos aqui no universo dos signos. Seu cérebro tem centenas de milhares deles em inúmeras conexões que fazem você compreender o mundo, ter determinadas crenças e levar a vida como leva. Vamos nos aprofundar um pouco mais nisso.

MODELOS MENTAIS

Modelos mentais são composições de pensamentos que, juntos, formam circuitos. Carol Dweck é bastante conhecida por seu livro *Mindset: a nova psicologia do sucesso*, em que nos fala sobre modelos mentais de crescimento ou fixos. Basicamente, ela nos conta que pessoas com modelos mentais de crescimento têm maior adaptabilidade perante as incertezas da vida e pessoas com modelos mentais fixos tendem a ser paralisadas por eventos inesperados. É claro que o livro traz muito mais do que isso, fiz apenas um *tweet* do conceito principal, mas o que é importante destacar disso é que a maneira como vivemos e significamos os eventos da vida está contida em nossos modelos mentais. Da mesma forma que temos modelos para tantas coisas, em nosso cérebro temos "matrizes" ou modelos constituídos por inúmeras experiências vividas e imagens observadas. Essas matrizes nos servem de guia de sobrevivência: a cada experiência nova que vivemos, tentamos encaixá-la em um de nossos modelos ou criamos um novo, que se relacione com os que já temos. O objetivo é sempre fortalecer os modelos e conexões existentes: "Sabia que isso ia acontecer!", dizemos quando alguma coisa inesperada conecta com nossos modelos e temos a falsa sensação de ter previsto o acontecimento. A sensação de "eu já sabia" se dá porque aquela ocorrência muito se assemelha a outra ocorrência já registrada, ainda que seja em outro momento e com outros atores. O cérebro poupa energia em conectar aquela experiência com outra existente, pois, se não conecta, precisa desbravar outro caminho e gastar mais energia.

Os circuitos formados por pensamentos são caminhos trilhados nas sinapses dos neurônios que formam esses modelos ou matrizes. A cada nova informação que um neurônio passa para o outro, desbrava-se um caminho no cérebro, e é assim que formamos nossas trilhas, conexões ou circuitos. Sobre como essas informações chegam aos neurônios e como essas conexões são feitas falaremos um pouco mais pra frente, mas sobre os modelos mentais nos cabe neste momento compreender que cada estímulo externo que recebemos – uma imagem, um som, um cheiro, um toque – é enviado para o nosso córtex cerebral, e ali é "filtrado" e encaminhado para sistemas específicos do cérebro. Se essas informações se encaixam, de alguma forma, em trilhas que já existem, é aquele circuito que será ativado, e "parece" que estamos vivendo algo já conhecido, com poucos detalhes diferentes. Trazendo para o cotidiano, por exemplo, quando estamos em um relacionamento novo e mandamos uma mensagem no WhatsApp para a pessoa, se ela não responde na hora, se leva algumas horas ou poucos dias para responder e se você já foi traída ou se teve experiências ruins relacionadas ao abandono, a falta de resposta rápida colocará as informações daquela experiência em trilhas que você já conhece, e você certamente pensará que ou está sendo traída ou está sendo abandonada. O que pode ter acontecido é um problema com o aparelho telefônico, que pode ter sido perdido ou quebrado, e quando você fica sabendo disso adiciona uma alternativa que ainda não tinha para aquela não resposta, ou seja, aprende algo realmente novo. Isso se você escutou, se averiguou e se validou a informação do telefone perdido ou quebrado. Se você não escuta, não acredita, não averigua e não constata que é verdade, sua trilha que mostra que a não resposta significa traição ou abandono é fortalecida por mais uma experiência. Deu pra entender? As experiências repetidas validam e fortalecem nossos circuitos. Quando a Carol Dweck fala sobre o mindset de crescimento, ela se refere a pessoas que têm trilhas abertas a possibilidades.

Mesmo que o estímulo seja de valência negativa, essas pessoas tendem a ter reações resilientes, positivas e que caminham ao desenvolvimento, pois em suas trilhas existentes elas não ficaram presas a suas experiências, elas encontraram novos caminhos a cada nova informação recebida. Isso fortaleceu o "músculo da possibilidade", e, sempre que numa situação de limitação, essas pessoas foram capazes de encontrar uma informação diferente para abrir novos caminhos. Sabe o jogo dos sete erros que brincamos quando crianças? É bem parecido com isso: vivemos uma experiência que muito se assemelha a outra, e no automático não prestamos atenção nos detalhes que diferem uma experiência de outra. Na vida real, esses detalhes são fundamentais e definitivos para a elaboração de experiências. Podemos atribuir a uma experiência características boas ou ruins, com base no quanto ela se parece com outra experiência já vivida ou com base nos detalhes que a diferenciam. Quando uma pessoa de mindset fixo vive uma experiência de valência negativa, ela tende a colocar essa experiência em uma trilha que já conhece e cujo final não é bom. Ou seja, ela busca esse limite, esse final no qual a confirmação de sua frustração ou decepção é validada por essa nova experiência. E assim seu ciclo não se abre, segue fechado em experiências já conhecidas, porque seu modelo mental é fixo.

Sobre esse tema, Daniel Kahneman discute, no livro *Rápido e devagar: duas formas de pensar*, maneiras de encontrar soluções para problemas, e uma delas é a de disponibilidade. Para ele, quando já temos alguns modelos constituídos por experiências e algo parecido com essas experiências acontece, o cérebro tem aquele repertório à disposição para criar conexões. Isso facilita nosso entendimento dos acontecimentos e também a forma com que lidamos com eles, compondo nosso repertório de enfrentamento.

Por exemplo, você certamente conhece alguém que tem medo de avião, certo? Algumas pessoas que têm medo de voar nunca voaram. Essas pessoas não têm repertório de enfrentamento para seu medo de voar e os conceitos que conhecem foram construídos por filmes ou histórias de terceiros contadas a elas. Para saber o que vão sentir ou para desconstruir o que pensam a respeito de voos, precisam viver a experiência mais de uma vez para que sejam ativadas novas conexões, criando um novo repertório sobre a experiência de voar: algumas turbulências são bem fracas, como quando passamos por nuvens menos densas; outras são muito fortes, como quando passamos por tempestades, e nessas é melhor fechar os olhos e ouvir algo com fones de ouvido para se distrair... E por aí vai.

Sem viver essas experiências, as imagens que temos em mente são de situações que vimos ou nos contaram, não são nossas experiências. Mas isso não significa que você precisa viver tudo, tudinho, e não ouvir as pessoas! Não vá dizer que fui eu quem falou que você deveria largar tudo e ir viver na floresta para experimentar, hein?!

Quando falamos em modelos mentais, podemos seguir então duas linhas de pensamento: uma que delimita modelos, como no exemplo da Carol Dweck, que estabelece o mindset de crescimento e o mindset fixo; ou outra segundo a qual nosso cérebro trabalha com modelos constituídos por experiências e os cria para tudo – ou seja, esses *setups* mentais acontecem o tempo todo, em todas as esferas e cenários da vida –, e esse repertório ajuda no enfrentamento do novo.

De todas as formas, é importante notar que os ambientes em que vivemos impactam diretamente nosso cérebro e nossa construção de ser e de perceber o mundo ao nosso redor. As experiências culturais às quais somos expostos na mais tenra infância influenciam fortemente nossos gostos, expressões e comportamentos.

Por exemplo, você se lembra de algum desenho a que assistia quando era criança?

Pense por um minuto em quanto tempo você passou da sua infância assistindo a desenhos, filmes ou seriados. E videogames? Você jogava?

Reflita ainda por mais uns minutos sobre como essas obras audiovisuais ou programações de jogos podem ter influenciado sua visão de mundo e seus comportamentos. Ouso garantir que em suas lembranças algum elemento estético surgiu: um acessório, uma cor, um jeito do cabelo, a roupa de um personagem, algo que veio rapidamente à mente e puxou outras lembranças relacionadas à história e ao contexto do enredo.

Agora, vamos falar mais sobre como acontecem esses *setups* relacionados a imagens de moda em diferentes contextos e como elementos estéticos são gatilhos para esses modelos.

AS EXPERIÊNCIAS, AS IMAGENS E O CÉREBRO

> *"A unidade básica para as mentes é a imagem, que pode ser de uma coisa, do que uma coisa faz, do que a coisa faz você sentir, do que você pensa sobre a coisa, ou das palavras que traduzem qualquer um desses itens ou todos eles."*
>
> (DAMÁSIO, 2018, P. 109)

António Damásio é um neurocientista de quem falaremos bastante durante nosso papo. Ele nos explica no livro *A estranha ordem das coisas: a origem biológica dos sentimentos e da cultura* que nossos pensamentos existem em forma de imagens mentais, ou seja, quando descrevo aqui uma cena de um lugar com grama verde, um rio que passa por esse gramado, algumas árvores ao redor, crianças correndo, uma rede pendurada, você forma, ao mesmo tempo, essa imagem em sua mente. Eu não mencionei o tom de verde da grama ou que o rio estava poluído, não disse se as árvores estavam queimadas ou que as crianças corriam de medo, mas, pronto, com alguns outros detalhes você já montou outra imagem, bem diferente da primeira! Não concebemos pensamentos em texto, criamos nossos próprios filmes o tempo todo, sobretudo! Vamos imaginar outra coisa:

UMA JOVEM MULHER CAMINHA NUMA RUA ESTREITA.
A NOITE ESTÁ ESCURA E SILENCIOSA, APENAS SE OUVE
O RUÍDO DO SEU SAPATO NO CONCRETO DA CALÇADA.
A RUA É LONGA E POUCO ILUMINADA,
ELA CAMINHA APRESSADA. DE REPENTE, OUVE OUTRO
PAR DE PASSOS...

Não precisei dar muitos detalhes e você já formou a cena, certo? Não só a partir do que descrevi, mas também preenchendo as lacunas que deixei quanto ao que acontece a seguir. Agora vamos analisar melhor esse pequeno trecho:

UMA JOVEM MULHER

O QUE É SER JOVEM PARA VOCÊ? QUE IDADE ELA TEM?

ESSA MULHER É BRANCA OU NEGRA, TEM CABELOS LONGOS OU CURTOS?

COMO ESTÁ VESTIDA?

DE ONDE ELA ESTÁ VINDO? OU ESTÁ A CAMINHO DE ALGUM LUGAR?

ELA CARREGA ALGUMA COISA NAS MÃOS?

COMO SÃO SEUS SAPATOS? USA SALTO?

NUMA RUA ESTREITA

QUE COR TEM A LUZ DA RUA? BRANCA OU AMARELADA?

É UMA RUA COM CASAS, PRÉDIOS OU UMA VIELA SEM NADA?

DE REPENTE OUVE OUTRO PAR DE PASSOS

QUEM É ESSA OUTRA PESSOA QUE SURGE?

Provavelmente, a imagem que criou do outro personagem é a de um homem. A luz na rua pode ser branca ou amarelada, dependendo da sua preferência por filmes mais realistas ou fantásticos, e toda a cena foi construída com fragmentos de imagens a que você já assistiu ou que viveu e armazenou em sua mente. Com a minha descrição, seu cérebro acessou esses arquivos rapidamente e foi montando a cena conforme seus olhos liam as palavras no texto. Esse processo de compor imagens em nossa mente acontece naturalmente, o tempo todo, em tudo que vivemos.

Quando numa conversa algumas pessoas têm a mania de tentar adivinhar as palavras ou o final das frases de outra pessoa, além de não estarem ouvindo ativamente, estão conectando os discursos que estão ouvindo com outros que já ouviram e criando finais que fazem sentido para elas. Elas criam imagens de como aquela conversa vai seguir e narram os pensamentos a partir do que acreditam que será a resposta da outra pessoa. Algumas vezes acertam, outras não. A questão aqui é compreender que em todos os momentos estamos pensando em forma de imagens, com ou sem movimento.

Os estudos do cérebro são relativamente novos, se comparados com outras áreas da ciência. Neurocientistas têm realizado importantes pesquisas e avançado muito para compreender melhor o funcionamento de nosso cérebro. Costumamos ouvir muitos mitos a respeito dessa área, como "o lado direito do cérebro é artístico e emocional, enquanto o lado esquerdo é científico e racional". Nosso cérebro, porém, é um órgão que funciona de forma integrada com todo nosso corpo, exercendo inúmeras funções.

Nesse sentido, é importante assumir o quão pouco sabemos sobre nós e como levamos praticamente a vida toda criando certezas baseadas no que nos contam. O cérebro é um universo ainda pouco conhecido até mesmo pela ciência e é o responsável pela elaboração da experiência humana. Damásio (2011) explica no livro *E o cérebro criou o homem* a construção de mapas como principal habilidade do cérebro, pois nessa formação "está criando imagens, o principal meio circulante da mente. E por fim a consciência nos permite experienciar os mapas como imagens, manipular essas imagens e aplicar sobre elas o raciocínio" (p. 87-88). E destaca: "Mapas são construídos de fora para dentro" (p. 88), explicando nossa obsessão por imagens em absolutamente tudo o que vivemos. O autor ressalta ainda que a interação se faz fundamental e que no córtex cerebral, na interação entre o tronco e o tálamo, são formados os mapas e, com eles, tem-se o desenvolvimento da mente.

Para compreendermos melhor esse conceito de mapas de imagens, vou explicar como se dá o desenvolvimento de nossa mente. Nosso cérebro é resultado de anos e anos de evolução, apesar de há bastante tempo permanecer como o conhecemos agora. Cada autor tem sua forma de explicar as partes do cérebro. Siegel e Bryson (2015) falam de maneira bem simples em parte de cima, mais complexa, e parte de baixo, mais primitiva; já Paul MacLean (1990) desenvolve o conceito de cérebro trino, que na minha opinião exemplifica, ainda de forma simples, muito bem esse órgão que é supercomplexo em suas subdivisões. No cérebro trino de MacLean, temos:

1. **Cérebro reptiliano:** é a parte mais primitiva, de onde todo o restante se desenvolveu, responsável pelos nossos instintos, como atacar ou fugir. Localiza-se no centro inferior do cérebro.

2. **Cérebro límbico:** aqui, manifestam-se nossas emoções básicas, como raiva, medo, alegria e tristeza. Esta parte é a evolução da primeira, então temos o sistema nervoso mais desenvolvido, menos primitivo, elaborando essas emoções e enviando sinais para o terceiro ambiente do cérebro. Essa área envolve o primeiro circuito mais complexo identificado no cérebro e pode ser chamada de cérebro emocional, sistema emocional ou circuito emocional.

3. **Neocórtex:** é a parte mais externa do cérebro, mais evoluída, com suas conexões e elaborações. É aqui que a mente como conhecemos se forma. Esta é a parte responsável por nossas tomadas de decisões e escolhas mais pensadas. Quando o cérebro evoluiu para essa composição é que tomamos consciência de nossa existência e passamos a ter pensamentos mais complexos.

O que acontece no neocórtex é o que chamamos de formação da mente. É a tomada de consciência de existência, de ser, de pertencer, de estar, de conviver. Acontece que, como falei anteriormente, **nosso cérebro opera de forma integrada**, não é uma parte ou outra agindo independentemente. Recebemos estímulos pelos nossos sentidos – visão, olfato, paladar, audição e tato –, sinais que são enviados ao cérebro e passam por essas três partes, pelo menos na maioria das vezes. Esses sinais, como a cor, a forma, a luz, o cheiro e o som, são levados pelos tão famosos neurônios, conectando-se e formando imagens em nossa mente. O conjunto de imagens forma pensamentos, memórias e imaginação, dependendo da experiência que estamos vivendo. É só porque temos uma mente que podemos filosofar e criar arte, por exemplo. Quando Damásio diz que os mapas são construídos de fora para dentro, é sobre os estímulos que ele está falando, infinitos estímulos que formam imagens mentais que muitas vezes retratam a realidade, mas outras tantas vezes representam projeções.

REGISTROS DE IMAGENS: REALIDADE × PROJEÇÕES

Quando monarcas faziam seus autorretratos ou solicitavam registros de batalhas e cerimônias, as pinturas eram feitas conforme se desejava contar aquelas histórias, e não necessariamente como tinham de fato acontecido.

FIGURA 1

Jacques-Louis David criou diferentes versões para o quadro *Napoleão cruzando os alpes*, entre os anos de 1801 e 1805. A original (A) encontra-se no museu do Château de Malmaison; a segunda versão (B), no Charlottenburg Palace; a terceira (C), no Palais de Versailles.
Créditos: imagens em domínio público, disponíveis em:

(A) https://commons.wikimedia.org/w/index.php?curid=1478444;
(B) https://commons.wikimedia.org/w/index.php?curid=10732769;
(C) https://commons.wikimedia.org/w/index.php?curid=13361554.

As obras de arte funcionavam como registros e também atendiam a algo mais: o ego.

Com a fotografia, esse registro de imagens se tornou mais rápido, mas algumas coisas já não podiam mais ser escondidas. Em contrapartida, a produção dessas imagens precisava ser mais sofisticada para contar a história que se queria e, novamente, não necessariamente como de fato ocorreram.

FIGURA 2

Harriet Tubman como babá.
Créditos: imagens em domínio público, de autoria desconhecida.

As fotografias de pessoas brancas com escravos são indigestas. Não só mascaram as histórias, como transmitem toda a perversidade que se vivia nesses períodos, de forma suave e estática.

O registro fotográfico que objetivava retratar já nos dava sinais do que seria o futuro da imagem, uma vez que esses retratos eram superproduções da realidade e criavam um novo fragmento de história. Os trajes mais sofisticados e cheios de adornos e as posições detalhadamente preparadas para transmitir o que se desejava quase sempre eram usados para retratar o poder; as pessoas eram organizadas na cena por ordem de importância social e relacional.

FIGURA 3

De familie van Jan van Loon, pintura a óleo de Adriaan de Lelie, realizada em 1786.
Créditos: imagem em domínio público.

Por essas imagens não é possível saber como de fato foi a campanha de Napoleão; ou se aquela criança, provavelmente já nascida escrava, tão arrumadinha na foto, era torturada cruelmente; ou ainda se a família retratada tão harmoniosamente era de fato harmônica. De qualquer forma, a criação de imagens, sob a forma de desenho, de pintura e de fotografia, tornava possível externar como a nossa mente cria pensamentos e, mais do que isso, viabilizava a criação de outros níveis de realidade, de acordo com nossos desejos.

Tudo bem até aqui? Vamos avançar alguns anos nessa produção de imagens e fazer um recorte para a publicidade.

Com uma tecnologia muito mais avançada e uma organização de trabalho sistemática, as imagens passaram a ser muito mais do que retratos e se tornaram explicitamente comunicadoras de histórias, por meio das quais se quer não apenas contar, mas vender. O sistema econômico em que vivemos gerou inúmeras formas de trabalho e de girar capital; a publicidade e a propaganda é uma das rodas dessa engrenagem. Manipular imagens para histórias inventadas se tornou um negócio, e para isso profissionais como roteiristas, produtores, diretores de arte e muitos outros passaram a compor essa criação de imagens com o objetivo de lançar ou divulgar um produto embalado numa história coerente, na qual nos reconheçamos ou com a qual nos conectemos de alguma forma. A composição de imagem e a manipulação de signos, assim, ganhou nível profissional, possibilitando mensurar o impacto dessas imagens – no caso, o número de vendas de determinado produto.

Nesse contexto, como utilizar as imagens para gerar um impacto social positivo?

IMAGEM E APRENDIZAGEM

Uma das formas mais eficientes de aprendizagem no início da vida é pela observação e audição. Os bebês aprendem a andar, a comer e a executar outras atividades básicas observando os adultos. Atualmente, os chamados nativos digitais também aprendem, observando os adultos, a mexer no celular. Quando um pouco maiores, as crianças aprendem no convívio escolar o que é "legal" e o que não é, dependendo do brinquedo que os amigos levam e como se diferenciam por meio de vestimentas ou quaisquer acessórios. Ao crescerem mais um pouco, no período chamado *betweens*, entre a infância e a adolescência, essas expressões se tornam mais fortes e o desejo de mostrar ao mundo quem se é – ou de se esconder por não saber quem se é – se intensifica: formam-se os grupinhos dos iguais. Ou dos que se acham diferentes de todo o resto.

Esse período da vida é f#&*. Há um turbilhão de emoções, pensamentos e sensações físicas, e o mundo nos bombardeando com o que é certo e o que é errado, o que temos de fazer, como temos de ser. Nessa época, o convívio com outras pessoas se amplia, conhecemos mais gente e lugares diversos, seja num novo emprego, seja numa nova escola; é na adolescência que temos uma leve noção de que o mundo é muito grande e cheio de pessoas que pensam diferente. A busca por iguais é uma busca por segurança e acolhimento, o que muitas vezes não acontece dentro da própria família, que se torna mais um agente de cobrança social. Acontece que na última década esses "iguais" mudaram drasticamente e o que passou a unir as pessoas foram suas diferenças. Entramos em uma era que contempla a diversidade como valor e compreendemos que conviver com iguais nos mantém acolhidos e teoricamente em segurança, mas isso não faz com que saiamos do lugar e aprendamos. É com a diferença que extrapolamos nossas bolhas e que os maiores aprendizados acontecem. O que também descobrimos na última década é como nosso cérebro elabora essas experiências. Com os avanços da neurociência, podemos identificar as áreas que registram, categorizam e organizam tais experiências emocionais e como nossos comportamentos aprendidos, quando repetidos com frequência, se tornam hábitos:

1. Exploramos um novo hábito e acontece uma comunicação entre o córtex pré-frontal, o striatum e o mesencéfalo. O nível de dopamina vinda do mesencéfalo, que é um neurotransmissor ligado ao prazer, informa se aquele comportamento está "valendo a pena" ou não, como um sistema de recompensa pelo comportamento.

2. Com a repetição do hábito, criamos um loop de feedback entre o córtex sensório-motor e o striatum. Essa conexão fica mais forte, assim como o *input* de dopamina.

3. Com essa conexão fortalecida, o córtex infralímbico se encarrega de manter esse ciclo como uma atividade cerebral semipermanente e alimentada pela dopamina – ou seja, reproduzimos aquele comportamento de forma "natural". Ele também fica responsável por controlar quando nos engajamos ou não a um hábito (DUHIGG, 2012).

Na educação formal, existe um método de ensino que deriva da teoria do construtivismo, da qual Jerome Bruner é um dos fundadores. A teoria construtivista estuda como as pessoas constroem significados e interpretam o mundo, e dá aos educadores a missão de descobrir e considerar o que os estudantes pensam. É a chamada **espiral de aprendizagem**, que considera o funcionamento do cérebro como descrevi anteriormente para a elaboração de estratégias pedagógicas. Esse método estabelece um movimento de: recontar, rever e repassar os conteúdos (GUERRA, 2018).

Isso significa que os conteúdos são fixados como se fossem hábitos e, para que isso ocorra de maneira eficaz, é necessário que o cérebro entenda que aquela experiência é boa e prazerosa, para que a dopamina, neurotransmissor ligado ao prazer, "azeite" o circuito. A experiência da aprendizagem pode ocorrer de diversas formas, e nos últimos dez anos muitos estudos têm sido realizados nesse sentido.[1]

Um ponto importante a destacar aqui é que não aprendemos apenas em ambientes formais; estamos em constante aprendizado sobre o mundo, sobre a sociedade em que vivemos, sobre nossos microambientes de convívio e sobre nós mesmos. Aprendemos mesmo quando essa não é nossa intenção direta, e é disso que temos de ter consciência. Você já deve ter ouvido alguém de mais idade dizer: "Me formei na escola da vida", porque, de fato, viver é aprender, mesmo que você nunca coloque o pé em uma sala de aula. Todos os estímulos que recebemos na vida, as interações com pessoas em diversos ambientes, com a natureza ou com a cidade, absolutamente **tudo** é absorvido como aprendizado, e vamos criando nossa visão de mundo a partir dessas experiências. A repetição, assim como na criação de hábitos e no método espiral, garante a fixação do aprendizado.

Por exemplo, considere que você aprendeu a seguinte rotina: você abre os olhos na cama, alonga-se rapidamente, levanta, toma banho, veste-se, toma café da manhã, escova os dentes,

---

1 O Porvir, plataforma de conteúdo e mobilização sobre inovações educacionais no Brasil, é uma boa fonte de pesquisa sobre os novos movimentos na área de educação.

coloca suas coisas numa mochila, dá um beijo em alguém que vive com você, deseja bom-dia a essa pessoa, sai de casa, pega um transporte público em direção ao seu trabalho ou escola. Quantos aprendizados existem nesse pequeno trecho de rotina? Quando você abre os olhos, sabe que está num ambiente seguro, porque viveu nesse espaço de forma segura por algum tempo e nada nunca lhe aconteceu que mudasse isso. Você toma banho de manhã porque talvez essa tenha sido a rotina que sua mãe ou pessoa cuidadora colocou na sua vida muito cedo; você talvez nem se lembre quando isso começou, nem sabe dizer por que, se por qualquer motivo não toma esse banho da manhã, você se sente mal no decorrer do dia. Você aprendeu que tomar banho de manhã é bom e faz bem! Você também toma café da manhã porque já saiu de casa algumas vezes sem comer e sua pressão caiu, você ficou mal, e não comer de manhã estragou parte do seu dia. Você aprendeu que tomar café da manhã faz bem. Você beija a pessoa com quem convive porque sempre foi um hábito de sua família a demonstração de afeto físico, alguém sempre te beijou e você gostou, e aprendeu que isso é bom. Mas esse é um cenário de filme romântico bem aguinha com açúcar, e a vida quase nunca é simples assim...

Vejamos este outro cenário: você abre os olhos em um lugar que não reconhece de cara, assusta-se um pouco, mas logo desperta e se lembra que foi ali que conseguiu se esconder para passar a noite. Conseguiu dormir, apesar do corpo dolorido de tanto andar e dos pés machucados. Você levanta do chão forrado com uma colcha fina que conseguiu naquele dia. Todo o seu corpo dói. Você recolhe rápido tudo que tem numa sacola plástica e segue em busca de algo para comer, já que não come algo de verdade há quase três dias. Passa por umas pessoas num ponto de ônibus, as pessoas o notam por conta do mau cheiro e se afastam. Ninguém te fala bom-dia.

Você vai até os fundos de uma padaria para ver se encontra algo de comer no lixo, um funcionário abre a porta abruptamente e joga mais um saco de lixo. Ao ver você, dá um grito: "Sai daqui, vagabunda!". Você pega uns restos de comida que encontra e segue sua rotina. Quantos aprendizados existem nesse pequeno trecho de rotina? Quando você abre os olhos num lugar estranho, assustada, sabe que precisa sair logo dali porque por repetidas vezes te acordaram aos chutes e você aprendeu que não pode dormir em qualquer lugar onde possa ser pega ao amanhecer. Você se mantém afastada das pessoas porque aprendeu que ninguém gosta de ficar próximo a alguém que cheira mal, você aprendeu que ninguém sequer nota alguém como você e por isso se torna invisível. Você aprendeu a ser invisível socialmente. Você também aprendeu que vão julgar você como vagabunda, bandida ou qualquer outra coisa às margens da sociedade, porque por vezes seguidas a xingaram enquanto você procurava comida. Você aprendeu que nos bastidores da sociedade as pessoas são hostis e você não tem tempo de se explicar, apenas correr ou enfrentar.

Acho que deu para entender que quando falarmos de aprendizado aqui não estaremos falando de giz e lousa, mas sim sobre tudo que aprendemos ao longo da vida. As imagens estão inseridas nesse processo em todas as esferas. Desde a mais tenra infância até o final de nossa vida terrena somos impactados repetidamente por imagens, que podem ser fotografias, pinturas, vídeos ou comportamentos reproduzidos, que são as imagens em vida. Aquela mulher alta, magra, com cabelos, pele e unhas muito bem cuidados, usando uma roupa com tecido robusto, sem nenhum amassado, sapatos lustrados de salto alto, bolsa de formato geométrico de um couro rígido e com uma logomarca em ferro, grande, quase como um distintivo... Quando vemos uma pessoa assim, vemos uma imagem que se conecta com algumas coisas que já aprendemos da vida. Se essa mulher de repente coloca a bolsa no chão, senta-se na calçada, tira os sapatos e coloca um chinelo de dedos, passa um pano no rosto, deixando a maquiagem meio borrada, levanta e segue o seu caminho, o que pensamos? Que talvez ela estivesse desconfortável, no mínimo. A questão é que quando falamos em imagens, não nos referimos apenas ao que está registrado em alguma mídia, mas também às imagens reproduzidas por pessoas no nosso dia a dia. Aprendemos com essas imagens, seja lá qual for a qualidade de suas mensagens.

IMAGEM E ENTRETENIMENTO

A série *Glee*, de 2009, foi um fenômeno do entretenimento audiovisual, porque colocou como protagonistas os "perdedores". As estrelas eram *nerds*, gordas, negras, virgens, imigrantes, e, além de representar muitas minorias sociais, o grupo cantava num coral, o símbolo mais cafona possível na época escolar. Com a série, foi possível ver que de minorias não tinham nada, pois *Glee* alcançou um grande número de fãs em todo o mundo, ganhou mais de trinta e cinco prêmios e marcou uma transição de imagem da grande mídia pop, do **padrão** para a **diversidade**. Antes de *Glee*, vimos muitos filmes encenados em escolas que reproduziam a fórmula das histórias tradicionais: o grupo popular fazendo *bullying*, saindo sempre impune, e com sorte alguém do grupo excluído tinha um papel de destaque, sendo aceito pelos personagens dentro do padrão. Filmes, séries e qualquer outra obra cultural que reproduza essa história reforça que uma mulher que não seja branca, loira e rica está fora dos padrões aceitáveis de sucesso e precisa passar por uma jornada de sofrimentos e superações das próprias dores para ser aceita, supostamente. Essa aceitação não é um atestado de pertencimento autêntico, mas uma premiação por ter conseguido realizar ou conquistar algo que o grupo dominador respeita. Vou exemplificar em outra área da cultura: a música.

Acredito que todos conhecem a cantora Adele, que é gorda – ou era, no início de carreira. Enfim, uma mulher fora dos padrões das cantoras brancas, loiras, gostosonas. A cantora estrelou algumas capas da revista *Vogue*, porque já era famosa e seus talentos já tinham sido validados pela indústria da música, mas, mesmo assim, as capas só rolaram quando ela estava mais magra.

E, ainda, quando você digita no Google "Adele", aparece como primeira opção de busca "Adele magra". O que isso significa?

Quantas mulheres gordas você já viu em capas de revista de moda ou de estilo de vida? Vamos lá, pode dar um Google aí e pesquisar: "mulheres gordas em capas de revista". Vão aparecer a Ju Romano, modelo e personalidade plus size, na icônica capa da *Elle*, em 2018; Lizzo, na capa da *Vogue* britânica, usando um longo preto, em dezembro de 2019 – e não podemos esquecer que ela conquistou primeiro o sucesso na música –; e outras capas de revistas, como *TPM* e *Galileu*, que já têm em sua essência um tom mais questionador, mas, ainda assim, as publicações não têm sequer dez anos. É muito, mas **muito** recente mulheres gordas aparecerem em capas de revistas. Isso só é um pouco mais aceito hoje em dia porque na última década temos falado muito sobre diversidade e nosso cérebro já aprendeu um pouquinho, bem pouquinho, que existe beleza em outros corpos que não os que vimos durante toda nossa existência em posições de sucesso e destaque. Ainda assim, é preciso olhar para como essas conquistas têm sido representadas imageticamente em todas as mídias existentes no contemporâneo, pois, apesar de esses movimentos ganharem espaço e voz, muitas vezes suas representações são engolidas pelas manipulações de imagem da moda e da publicidade.

E são justamente essas imagens que invadem nosso cérebro adolescente, em busca de referências de aprendizado para compor nossa identidade. Se só vemos pessoas magras, é a silhueta magra que nos parece a adequada. Se só vemos pessoas brancas, é a pele branca que nos parece adequada. Se só vemos um determinado estilo, maquiagem e cabelo, é assim que montamos nossa imagem de beleza, de sucesso, de aceitação e de pertencimento social. É importante esclarecer que não significa que somos influenciáveis, num sentido pejorativo. O que destaco aqui é que nosso cérebro fixa imagens e as usa para compor o que precisamos, nossa identidade, por exemplo. Lembra que nosso cérebro busca padrões? Construímos esses padrões com tempo de observação, porém, quando olhamos no espelho, não encontramos em nosso repertório aquelas olheiras, aquele cabelo, aquele nariz, aquela composição... Se não nos reconhecemos no espelho, o que será que acontece com nosso emocional? O reconhecimento de imagem acontece com base no que já temos registrado em nossa mente. Quando a imagem interna não bate com o que vemos externamente, tentamos ajustar essa incongruência, emagrecendo, fazendo cirurgias plásticas e intervenções mil para ajustar o que não está de acordo com as tantas imagens que moram em nossa mente. Ano após ano é feita a manutenção dessas imagens, mesmo que tenhamos novas mídias. São signos e elementos tão enraizados em nossa cultura que, ainda que a inovação esteja em alta e avancemos em tantos conceitos (como o futuro do trabalho e da alimentação), quando falamos em futuro da imagem, as inovações moram nas mídias e nas formas, e não nas imagens propriamente ditas.

Por exemplo, vejamos as imagens a seguir.

A ATRIZ EVA GREEN, NA MESMA POSIÇÃO QUE A ESTÁTUA *VÊNUS DE MILO*.

https://frecklesanyways.tumblr.com/post/122528608578

A MODELO VIRTUAL MIQUELA COM O MESMO PADRÃO DE CORPO E POSIÇÃO QUE OS CORPOS NA IMAGEM ANTERIOR.

https://www.thecoolhour.com/2019/05/virtual-influencer-lil-miquela-club-404-clothing/

No primeiro link, a mulher é a atriz Eva Green, nossa contemporânea, e além dela vemos a escultura grega da Vênus de Milo, descoberta em 1820. No segundo link, vemos imagens da influenciadora digital Miquela, também nossa contemporânea, porém, criada virtualmente, e por isso ela habita apenas a esfera virtual de nosso mundo.

Em épocas completamente distintas, em contextos também distintos, a reprodução de uma das figuras tradicionais de mulher como personagem não mudou tanto. Isso porque quando falamos em transformar modelos mentais, os processos são mesmo mais complexos, uma vez que para a construção desses modelos são necessárias sequências coerentes e numericamente grandes para que possamos fixar padrões. Foram centenas de milhares de imagens desde a Vênus de Milo que nos deram Angelina Jolie e tantas outras *hollywoodianas*, assim como a modelo virtual Miquela e tantas outras que já existem e habitam as imagens de eventos e campanhas de moda. Eva Green é um ser vivo, mas sua imagem é uma construção, assim como a modelo virtual, que não compartilha do mesmo status de humanidade. Essa imagem construída com elementos específicos tem raízes antiquíssimas passadas de geração em geração, e na maior parte das vezes de forma inconsciente. Ou é melhor acreditar nisso.

O PODER DO AUDIOVISUAL NA APRENDIZAGEM

Considerando tudo que vimos até aqui sobre como nosso cérebro aprende e as imagens às quais somos expostas, quero agora chamar a atenção para a efetividade de aprendizado por meio de obras audiovisuais.

Não é que **queiramos** aprender, mas a repetição de comportamentos e de elementos estéticos nos leva ao aprendizado, mesmo sem intenção. Se você convive com alguma criança, vai se lembrar de quantas vezes ela pediu para assistir ao mesmo desenho ou filme. As crianças são capazes de assistir à mesma coisa durante um dia inteiro, se deixarmos! Isso porque vão aprendendo diversas coisas com os desenhos, não apenas porque é divertido, mas porque a cada vez que assistem é ressaltado um determinado detalhe e aquela história vai ficando cada vez mais bem contada; assim, aquele circuito de aprendizado ou de hábito vai sendo fortalecido por elementos que, como num quebra-cabeça, formam uma imagem coerente e integrada.

DISSOLVE / THIS IS A GENERICAL MILLENIAL AD

https://www.youtube.com/watch?v=KG_i7oWzTyU

Você acabou de ver o vídeo *This is a generical millenial*, da Dissolve, uma empresa que produz e armazena imagens em fotografia e audiovisual, que podem ser usadas por qualquer produto ou serviço que deseje contar uma história a respeito. A criatividade da empresa é impressionante, mas o que realmente chama a atenção é como existem inúmeras sequências de elementos e padrões estéticos de acordo com cada público. O *storytelling* atento aos *drives*, com qualidade de imagens e bem montados, é uma poderosa ferramenta que amplia o alcance, o engajamento, a presença de marca e, consequentemente, a conversão em vendas.

Agora, pense em um filme que marcou sua infância. Pode ser um desenho animado, uma série de televisão ou qualquer peça audiovisual que venha rapidamente à sua mente. Desde a década de 1950, quando a televisão entrou na cena social, nosso mundo ganhou uma outra esfera de atuação. A tevê criou verdadeiros universos para transmitir programas de diferentes naturezas, enquanto centenas de milhares de pessoas assistem de localidades diversas ao espetáculo produzido. Essas imagens são criadas com a mesma natureza dos pensamentos em nossa mente e se comunicam sem filtro com nosso cérebro. É como se fosse possível habitar uma outra esfera de vivência, irreal mas ao mesmo tempo real em nossa mente. Você já sonhou com algo a que assistiu? E no lugar do protagonista era você vivendo a cena? Sonhos assim são bastante comuns porque, como disse, as imagens se comunicam e se conectam sem filtro com nossos pensamentos e com os diversos circuitos que formam nossas crenças e valores. Uma vez conectados, podemos nos colocar no lugar do personagem com quem nos identificamos e viver o que o personagem viveu. Mas e quando acordamos?

Se você ficou apaixonada por um filme, vai buscar mais informações sobre as atrizes e os atores, e vai assistir, no YouTube, aos bastidores, às suas cenas preferidas e às deletadas. Assim como a criança que assiste incontáveis vezes ao desenho, você vai se aprofundar no universo daquele filme para fortalecer o que a interessou e captou sua atenção. Verá as sequências todas e acompanhará o perfil no Instagram que contém curiosidades e memes do filme, seguirá os atores, enfim, se tornará praticamente uma personagem do filme de que tanto gosta.

O universo do audiovisual é gigante e nos convida a viver nele. Não à toa o Netflix se tornou tão importante em nossa cultura, em tão pouco tempo. Além da fórmula de negócio bem pensada e alinhada com as necessidades de consumo da *Sociedade do cansaço* (título de um livro de Byung-Chul Han), o Netflix se configurou como um espaço para viver. Você transita por diversos mundos, que se tornam possíveis dentro da plataforma e da sua mente. Essa lógica pode ser aplicada a todas as plataformas de vídeo, como o YouTube, o Vimeo, o Instagram, o Facebook e a explosiva Tik Tok. Nossa comunicação sempre foi e sempre será em movimento.

Por exemplo, você pode estar lendo este livro e curtindo o que está aprendendo, mas apenas a leitura não lhe trará um aprendizado efetivo, e é por esse motivo que começamos a discutir imagens fotográficas, mas passamos para o audiovisual com os QRs Codes. A imagem em movimento nos leva a **sentir** as emoções da cena. É claro que escritores consagrados e extremamente talentosos podem nos fazer sentir até o cheiro da grama onde se passa a história, mas quantos de nós têm o hábito de leitura desenvolvido a ponto de se engajar em um livro por uma hora completa? Para exemplificar, o Medium é uma plataforma de textos com conteúdos de tirar o fôlego, e todos os textos têm a indicação do tempo de leitura, assim como alguns jornais e veículos de comunicação passaram a fazer. Isso só se fez necessário porque se vemos que o texto é longo, já avançamos na barra de rolagem e fazemos aquela leitura "dinâmica", sem nos aprofundar em nada. Eu particularmente acredito muito na leitura como estratégia de aprendizagem, porém combinada com grupos de discussões, exercícios de aplicações, vídeos complementares e o antigo hábito de anotações e grifos, que contribuem para um aprendizado mais eficaz.

Já falamos sobre o *Glee* há pouco, mas gostaria de retomar a pauta sob outro aspecto: *Glee* era uma série musical. Um musical potencializa a assimilação das cenas com um estímulo auditivo ritmado e, ainda que você não goste do gênero, é impossível não se conectar. É por isso que os comerciais têm *soundtracks* ou, em português, trilhas. E isso é exatamente o que o som faz com o vídeo: coloca-o em uma trilha de engajamento e assimilação fácil.

Imagine-se, por exemplo, em uma floresta. Você olha para cima e mal consegue ver o céu, de tão fechada que é a mata. Você olha para a frente, para a direita, para a esquerda, para trás e tudo o que vê são troncos, folhas e insetos. De repente, você olha para baixo e, na terra, vê um espaço aberto de cerca de 60 centímetros de largura, que percorre o chão formando uma trilha. Por onde você vai?

É da nossa natureza seguir caminhos que já existem. Nosso cérebro vai por onde compreende ser mais coerente e possível, por mais aventureiros que sejamos. Quando assistimos a um filme e a criança é a assassina, isso nos surpreende, porque o caminho já trilhado é o do adulto criminoso, não estamos acostumadas com crianças criminosas – apenas em filme de terror, não é mesmo? E ainda assim isso nos causa estranhamento, a não ser que você seja aficionada em filmes de terror e tudo aquilo já lhe pareça natural, porque, como já aprendemos, na repetição criamos padrões e fortalecemos nossas conexões.

CAMINHOS DA FLORESTA

https://www.youtube.com/watch?v=kjtslzqms50

Convido você a assistir ao filme *Caminhos da floresta*, um musical da Disney em que Meryl Streep arrasa, com figurinos de Colleen Atwood. Não é uma animação, mas trola as principais histórias de contos de fadas que a própria Disney distribui. O filme não fez tanto sucesso, apesar de concorrer ao Oscar por melhor figurino e ter tudo que é preciso para nos engajar na história: a jornada do herói, um *storytelling* organizado, ser um musical engraçado e com personalidades de Hollywood que amamos. O que será que saiu da curva e não fez o filme ser uma grande bilheteria? Ao brincar com histórias conhecidas há tanto tempo e praticamente jogar na nossa cara os problemas criados pelos comportamentos estimulados por essas histórias, o filme simplesmente flopou. Não sou crítica de cinema, mas me intrigou uma obra tão bem feita e com uma mensagem tão poderosa não ter se tornado muito conhecida pelo público. A maioria das pessoas que conheço que assistiram ao filme não gostaram dele, e não souberam muito bem me dizer do que não gostaram. Elas me relataram que talvez tenha sido o ritmo, ou que não entenderam muito bem a história, ou não gostaram do fato de o filme ser um musical, ou ainda que não tinham conseguido reconhecer a Meryl. O que não dava para reconhecer eram aqueles enredos naquelas histórias que já contaram pra gente repetidas vezes. A floresta normalmente representa um lugar para refletir, um espaço de transição onde aprendemos alguma coisa que muda completamente nossa história. Não tem como sair da floresta igual. E é por isso que gosto tanto desse filme e do fato de muita gente não conhecê--lo, porque, apesar de o diretor estrelado estar lá, a história traz à luz algo que, na real, a gente não quer ver tanto assim. A música final do filme nos diz para termos cuidado com o que contamos para as crianças, porque elas vão acreditar. Todos nós, quando crianças, acreditamos.

Ainda que o que assistíamos não nos representasse, obviamente não tínhamos essa consciência quando crianças e procurávamos de alguma forma nos "igualar" aos modelos apresentados para pertencer. Eu mesma só fui ver uma personagem da Disney que tivesse algo em comum comigo já adolescente. Assisti repetidas vezes a Aurora dançando no salão do castelo com seu vestido mudando de cor entre azul e rosa, pois suas fadas madrinhas não se decidiam qual ficava melhor. Depois veio a Bela, que tinha os cabelos castanhos e gostava de ler, e com ela eu me identificava mais, que alívio! Mas estava forçando a barra. Pouco depois veio a Jasmine, de *Aladdin*: ela usava calças, tinha a pele da cor da minha e fugiu do castelo num tapete voador! Viva! Quando eu já era um pouco maior, veio a Pocahontas e... UAU! Ela era índia, e eu sou bisneta de índia! Pronto, ela se tornou minha preferida, mas aqueles cabelos ao vento... Os meus nunca seriam daquele jeito, até que inventaram a progressiva. Foi apenas em 2009, quando eu já tinha 25 anos e estava oficialmente ocupando a fase adulta da vida, que criaram a Tiana, de *A princesa e o sapo*, a primeira princesa negra da Disney. Ainda assim, ela aparece prioritariamente sempre com os cabelos presos. Em 2019, dez anos depois, que fique destacado isso, a Disney foi obrigada a mudar os traços da princesa que apareceria em outro filme, e o público exigiu que seu nariz fosse mais largo e seus cabelos, soltos. Um pouco antes disso, em 2016, a Disney lançou *Moana*. Finalmente! Assim, com 32 anos, pude ver uma personagem com quem me identifiquei completamente! E mesmo as pessoas ao meu redor me identificam com ela, chamando-me carinhosamente de Moana, e minha criança interior agradece!

Faço essa menção aos contos de fadas da Disney para trazer luz a tudo a que assistimos quando crianças. É claro que existem centenas de milhares de outros desenhos que podem ser mais acessados por grande parte das famílias com crianças brasileiras. Trago relatos aqui do meu lugar de fala, que não é único e muito menos soberano. O audiovisual está presente em diferentes classes e, de uma forma ou de outra, influencia e impacta de diversas formas a nossa visão de mundo.

Tem uma imagem que circula na internet que também considero muito ilustrativa, de crianças na Índia tirando *selfies* com o chinelo... Isso demonstra que absolutamente tudo o que é reproduzido em imagens, por meio de fotografias ou audiovisual, tem um impacto comportamental em nós. Mesmo conscientes desse fato, seguimos reproduzindo comportamentos meio sem refletir por quê. Por exemplo, usamos a pochete na transversal dos ombros, paramos de usar canudos de plástico, vestimos camisetas com frases feministas, compramos peças em brechós, descemos do salto e agora usamos tênis! Tudo isso é ok, mas você sabe por que você faz essas coisas? Você discute sobre isso com amigas e amigos de forma aprofundada? Dedica tempo para pesquisar de onde vêm as ondas de tendências? Não se culpe se não faz nada disso, o esquema social que vivemos oferece pouco espaço para tal e tempo é um artigo de luxo, ou pelo menos é o que dizem.

Vou pedir a você que assista a mais um filme:

O PREÇO DO AMANHÃ

https://www.youtube.com/watch?v=XUSt9oZUTrs

Talvez você já tenha visto esse filme, que escancara algo que vivemos de forma mascarada pelo sistema econômico: a moeda de maior valor que temos atualmente é o tempo. Algumas pessoas o tem, de sobra, outras lutam por cada minuto de vida. Os mundos inventados no audiovisual podem nos esclarecer questões e trazer luz sobre o mundo físico real. É a mágica da ficção. E não é de hoje que utilizamos metáforas e narrativas ficcionais para explicar situações do nosso dia a dia com as quais temos problemas em lidar: ciúmes, traições, crimes, doenças, injustiças, maldade, enfim, tudo o que de certa forma nos incomoda ou está em desacordo com a moralidade social vigente.

É comum estarmos em uma conversa sobre qualquer tema e alguém na roda dizer: "Pois é! Como naquele filme". Conectamos praticamente tudo da vida com obras audio-visuais e muito frequentemente desejamos viver cenas ou situações a que assistimos. Mais uma vez exemplificando com as crianças, elas acreditam que podem voar, ficar invisíveis e realizar uma série de atividades fantásticas que veem nas multitelas. Já adolescentes compreendem que os superpo-deres não ultrapassam a tela, mas descobrem como podem começar conversas, interagir com adultos em situações de conflito e as alternativas para ingressar na vida adulta. Nós adultos compreendemos que nem tudo que assistimos vale como exemplo, mas buscamos modelos, inspirações e lazer no audiovisual. Criamos coragem em vestir um look que vimos numa personagem com quem nos identificamos ou que tem a mesma profissão que a gente. Acima de 60 anos assistimos às telas nos lembrando de forma afetiva de como era nosso mundo, descobrimos como as coisas são no pre-sente e imaginando como talvez serão para nossos netos. Ou seja, em todos os períodos de nossas vidas o audiovisual é extremamente presente, e de lá trazemos boa parte dos nossos aprendizados. Muitas mães tomam cuidado com os acessos de seus filhos e filhas e às vezes só os liberam depois de determinada idade. O tempo de tela pode ou não afetar a maturidade do cérebro, mas ninguém passa pela vida sem se emocionar com um comercial de final de ano.

O CÉREBRO E AS EMOÇÕES

> *Nenhum conjunto de imagens conscientes, independente do tipo de assunto, jamais deixa de ser acompanhada por um obediente coro de emoções e consequentes sentimentos.*
>
> (DAMÁSIO, 2009, P. 310)

Já vimos que nossos pensamentos se organizam em mapas e que esses mapas são compostos por imagens, que não nos saltam à mente sem que junto venham emoções e sentimentos diversos. Tudo o que pensamos, no nosso universo subjetivo, manifesta-se e se expressa em nosso corpo. Você tem medo de algum inseto ou animal? Talvez tenha medo de altura, de ser assaltada ou de perder alguém querido... Quando pensa nesse agente do medo, seja ele qual for, sua pressão arterial e sua temperatura corporal são alterados automaticamente.

Algumas pessoas têm manifestações dermatológicas, desenvolvendo alergias, por exemplo, quando se sentem ansiosas, com medo ou até muito felizes! A questão não é a natureza da emoção, mas sua intensidade. Sabe aqueles cachorros que fazem xixi quando a gente chega em casa? É bem parecido! É tanta alegria que o corpo manifesta de alguma forma, cada um de um jeito! :) Que bom, né?

Conhecer o funcionamento do nosso próprio corpo é um dos passos para o autoconhecimento e, como somos um universo todo, o processo de autoconhecimento pode ser longo e, muitas vezes, doloroso. Mas também tem seus momentos divertidos e libertadores. Vou apresentar esse processo para que possamos compreender que os mapas de imagens que formam nossos pensamentos são recheados de impressões, que se tornam expressões em outros momentos.

Vamos começar conceituando o que são as emoções, que facilmente são confundidas com sentimentos. As emoções são aquelas reconhecíveis por qualquer ser humano em qualquer parte do planeta, independentemente de sua cultura: medo, raiva, tristeza, alegria, nojo – alguns autores ainda inserem a surpresa nessa lista. Segundo Tieppo (2019, p. 168), "emoções são respostas corporais para estímulos do ambiente", ou seja, são reações físicas, como aquele pulo para trás de surpresa, os olhos arregalados de medo e a testa franzida da raiva. O corpo inteiro responde a esses estímulos externos.

Já os sentimentos são a forma com que elaboramos essas experiências na mente e as análises sobre esse conjunto de reações. Quando dizemos: "tive um sentimento estranho, nem sei dizer muito bem o que senti", é porque essa elaboração e análise ainda não foram efetivadas para que consigamos verbalizar qual foi o sentimento gerado.

Cada estímulo que recebemos é filtrado e encaminhado para uma parte do nosso cérebro, e lá no cérebro límbico se localiza o circuito límbico ou sistema emocional, onde as emoções se formam e disparam sinais para outras partes do cérebro, gerando as respostas corporais das quais falamos. Quando esses sinais atingem o neocórtex, a parte mais externa do cérebro, elaboramos os sentimentos e conseguimos verbalizar o que é que estamos sentindo.

No momento de expressar nossos sentimentos e opiniões, enchemos a boca para falar "**eu acredito**" nisso ou naquilo. Aprendemos que, se falamos "eu acho", não passamos credibilidade na informação, certo? Pois bem, quando usamos a expressão "eu acredito", estamos revelando o que a psicologia chama de **crenças**, impressões testadas e provadas como corretas para nós. Quando falamos em crença, também automaticamente parece que estamos fazendo referência a questões religiosas e, só para esclarecer, isso são credos ou fé. As crenças nada têm a ver com religião, mas com experiências que vivemos e que nos fizeram acreditar em uma coisa ou outra. As crenças se estabelecem após uma forte emoção e análise sobre ela, portanto, suscitam um sentimento também bastante forte e marcante. Elas geralmente são poderosas e estabelecem norteadores que nos orientam durante a vida toda. O vídeo "Seja uma dama, eles disseram" exemplifica bem como assumimos comportamentos com base em crenças que foram sedimentadas por décadas de costumes sociais. Essas crenças seguem validadas quando reproduzimos os comportamentos e somos beneficiadas por isso, ou quando subvertemos o comportamento ou o costume, por qualquer que seja o motivo, e sofremos retaliações por isso. É quando a emoção do medo, por uma repreensão, ou da alegria, por uma validação, é forte o bastante para junto a toda experiência de vida se tornar uma crença.

SEJA UMA DAMA, ELES DISSERAM

https://www.youtube.com/watch?v=7WtMWZnXvxc&has_verified=1watch?v=kjtslzqms50

Quando mencionei que a mente por vezes fica ancorada em uma determinada crença, estava falando sobre um termo da psicologia, a **crença limitante**, que é bem didático, já em sua concepção: trata-se de uma crença que limita. Temos muitas delas e a fuga para o consumo é só uma das consequências das crenças limitantes, que podem nos paralisar, impedir-nos de nos conhecer mais e também de desenvolver o que desejamos. Sabe aquela pessoa que você conhece que nunca conseguiu se firmar num trabalho? Ou aquela outra que é brilhante, trabalha em grandes empresas, mas nunca tem dinheiro? E aquele que não consegue por nada nessa vida ter um relacionamento duradouro e sofre por isso? Algumas coisas parecem que se repetem em nossa vida, sem que façamos as perguntas que destravam nossa mente. Porém, quando nos questionamos, ativamos diferentes áreas cerebrais e assim nos tornamos mais aptos para lidar com as centenas de milhares de questões que permeiam a vida humana, que nos propiciam amadurecimento.

Tire alguns minutos para refletir sobre as perguntas a seguir:

Quais são as suas crenças sobre beleza?

Que emoções esse assunto te traz?

Quais são as suas crenças sobre corpo?

Que emoções esse assunto te traz?

Quais são as suas crenças sobre sucesso?

Que emoções esse assunto te traz?

Depois, escreva a primeira frase que lhe vier à mente sobre cada uma dessas perguntas.

Leia essas frases em voz alta.

De onde vem isso em que você acredita?

Faz sentido acreditar nisso?

Escreva seus pensamentos ou converse sobre isso com alguém em quem confia.

Agora, vamos falar sobre valores. :)

Nossos valores representam, basicamente, aquilo que nos é importante. Por exemplo, talvez para você seja importante tomar café da manhã e jantar em casa com a sua família e, se você tem um emprego que não torna essa rotina possível, isso pode lhe gerar irritação e incômodo. Nesse caso, talvez o convívio em família seja um valor para você. Pode ser que você só se sinta confortável se todos no seu trabalho o cumprimentarem com um caloroso "Bom-dia!" e conversarem com você no café, fazendo convites para atividades após o trabalho. Isso pode significar que afeto, pertencimento e relações íntimas são valores importantes para você. O ponto é que para tudo temos nossas preferências e divergências. Refletir sobre isso e questionar esses pontos nos possibilita conhecer melhor nossos valores.

Destravando uma crença limitante, você pode ou não mudar um valor seu, o que é algo difícil; mas talvez consiga ressignificá-lo.

Isso acontece porque se os valores são um conjunto de crenças, constituídas por experiências marcantes da vida, significa que aquele mecanismo do qual falamos, sobre aprendizado ou hábito, foi ativado diversas e diversas vezes para formar aquele valor. Trata-se de algo enraizado em nós, que praticamente constitui quem somos, faz parte de nossa identidade enquanto indivíduos. A roda de valores, que apresentamos a seguir, é uma ferramenta simples que nos possibilita medir o quão cheio ou vazio estão nossos valores fundamentais na vida. Às vezes você está se sentindo desanimado e até um pouco deprimido, mas tem um ótimo emprego, com um ótimo salário, é reconhecido, tem uma casa bonita e confortável, sua família está com saúde, tudo parece estar bem. Fazendo a roda de valores, você pode descobrir, por exemplo, que a flexibilidade é um valor importante para você, que tem rotinas rígidas, vive em ambientes altamente controlados e nunca tem tempo para inovar ou simplesmente não fazer nada. Sua fatia da flexibilidade está vazia!

Você sabe quais são seus principais valores?

Preencha nas tags da figura quais valores você identifica como importantes para você e pinte na fatia do círculo o quanto cada um deles está sendo atendido na vida que leva hoje.

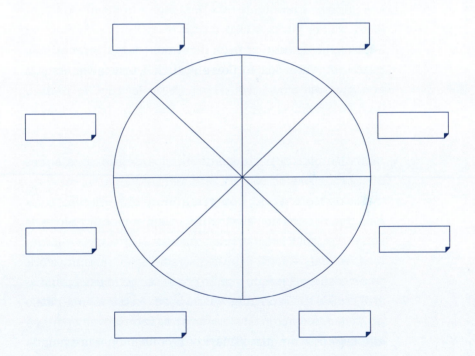

FIGURA 4

Roda de valores.

Tomar consciência de nossos valores é mais um passo no processo de autoconhecimento. Conhecer-se é fundamental para viver num mundo que se especializou em criar imagens e projetar personas em absolutamente **tudo**. Assim, quanto mais nos conhecemos, menos projeções fazemos, menos olhamos para a menina no Instagram e achamos que devemos ser iguais a ela nisso ou naquilo. Estou falando de forma bem simples isso aqui, a gente se projeta o tempo todo com base nas nossas crenças e valores, principalmente no que diz respeito ao corpo, à beleza, aos relacionamentos afetivos e ao conceito de sucesso fundamentado no acúmulo de capital. Um projetor é um objeto que amplia uma determinada imagem e a lança para ser vista em um outro lugar, projetando-a à sua frente, e podemos fazer uma analogia boa entre isso e a nossa própria projeção, pois ampliamos aquele recorte que nos interessa, a beleza ou o corpo, e projetamos um **padrão** do que é aceitável, agradável, bonito... Entende? A projeção não é a realidade.

Nos comerciais de perfumes de grandes marcas, que são produções caríssimas, vemos obras audiovisuais com superestrelas de Hollywood, com tratamento de cinema e uma narrativa dramática exacerbada, na minha opinião, para vender um frasco de perfume que custa um salário mínimo no nosso país. A estratégia de imagem é criar uma atmosfera de projeção, propondo que, se você usar aquela fragrância, terá aquele estilo de vida. Essa é a jogada da publicidade e propaganda, como já falamos, mas trago aqui novamente esse argumento para exemplificar como consumimos imagens de forma muito mais inconsciente quando não nos conhecemos.

QUEBRA DE PARADIGMAS DA
MODA
– IMAGINÁRIO COLETIVO × REALIDADE

IMAGINÁRIO COLETIVO

Então vivemos num pluriverso imagético que nos confunde a mente sobre o que é real e o que não é. Construímos nossas crenças e valores com base em experiências compostas por imagens inventadas. Acreditamos no amor baseados no que vimos em desenhos, filmes, séries, propagandas, dentro de casa ou em outras casas, e essas pessoas também viram os mesmos desenhos, filmes, séries e propagandas.

Imaginário coletivo é como chamamos conceitos e até mesmo crenças que são coletivas porque foram construídas para a massa, para o coletivo. Metáforas, parábolas, contos de fadas são algumas das formas de construir histórias que compõem esse imaginário. Leandro Karnal discute, em seu curso "Breve história da humanidade trans e pós-humanista", do programa de pós-graduação em neurociências e comportamento da PUC-RS, as narrativas pedagógicas que existem aos montes em nossa sociedade. Quando contamos histórias, também temos um objetivo pedagógico: falamos sobre o passado já com os aprendizados embutidos na história, para que o futuro possa ser diferente, ou seja, contamos sob a nossa perspectiva. A história que aprendemos por anos na escola tem como base muito da história tradicional e nos mostra narrativas lineares do ponto de vista do europeu colonizador.

Peter Burke, em seu livro *A escrita da história: novas perspectivas*, fala sobre a **nova história**, termo cunhado por Jacques Le Goff, historiador francês que colocou outras narrativas sob a luz da pesquisa histórica.

"A nova história é a história escrita como uma reação deliberada contra o paradigma tradicional" (BURKE, 1992, p. 12). Todavia, foi a história tradicional, aquela da conquista das terras pelas civilizações europeias, que foi por muito tempo contada, roteirizada, filmada e até se transformou em imagem nas obras de arte. Então acreditamos que tudo aconteceu exatamente daquela forma, sem considerarmos outros centenas de milhares de pontos de vista, como o dos povos indígenas, que já tinham suas histórias antes do contato com os europeus, assim como os povos africanos, e por aí vai. A nova história dá conta dessas outras narrativas que por tanto tempo ficaram invisíveis e caladas, mas ainda é uma prática recente, se comparada à história tradicional. No nosso imaginário coletivo, fica então aquilo que teve muito mais tempo de repetição e que foi contado por meio de diferentes mídias, mas que continuou sendo a mesma história. As pessoas narram histórias assim desde que o mundo é mundo para que o futuro aprenda com o passado, mas, sem a transparência de como tudo de fato aconteceu, seguimos repetindo erros. Num tempo muito recente, alguns filmes, livros e conteúdos disseminados por novas mídias passaram a ampliar o olhar para as novas histórias, mas ainda numa proporção pequena e que alcança poucos.

Na moda, o imaginário coletivo sobre profissionais é aquele de que falamos lá no início e que o filme *O diabo veste Prada* representa muitíssimo bem. Por que imaginamos essa figura austera, impositiva, diretiva, essa mulher masculinizada por seu alto posto de sucesso numa grande empresa da moda, essa figura mitológica a quem poucos têm acesso? Por quê, se a realidade mais frequente em números é tão mais ampla, diversa e complexa do que essa personagem? Porque essa é a imagem que foi repetidamente reproduzida pela mídia. E, sim, existem várias pessoas na moda que personificam essas personagens, mas a boa notícia é que elas não são a maioria. Mesmo assim, como essa é a imagem de maior divulgação e alcance, acabamos acreditando que, para alcançar sucesso na área, precisamos ser como tais personagens. E pronto: está criado um ciclo de manutenção de poder. Por meio de imagens.

Como em todas as empresas e áreas de mercado, na moda existem diversos perfis de trabalhadores, em suas diversas posições hierárquicas. Enfatizo a diversidade dos perfis pois alguns podem estar de acordo com o que foi concebido pelo imaginário coletivo, outros podem ser ainda piores e muitos são simplesmente diferentes. A questão não é emitir um juízo de valor, mas trazer para a consciência que as pessoas são sempre diferentes entre si, ainda que se pareçam física ou comportamentalmente. O poder do imaginário coletivo faz com que busquemos semelhanças para que as histórias se encaixem, façam sentido dentro de uma narrativa que já ouvimos, já conhecemos e também já sabemos como devemos nos portar. Na jornada de um profissional da moda, por exemplo, um dos maiores desafios é lidar com o imaginário coletivo que se tem sobre a área, construído sobre essa base de que falamos há pouco, que reproduz comportamentos exploratórios e de esgotamento. Empatia, colaboração, flexibilidade, resiliência e outras competências hoje chamadas de socioemocionais dificilmente fazem parte dos ambientes de trabalho, mas, ainda bem, hoje já são mais valorizadas em profissionais, não apenas da área de moda. O imaginário coletivo relacionado a liderança, equipes, ambiente corporativo ou simplesmente sobre as relações profissionais é muito forte nesse sentido. Quebrar esse paradigma não é simples, como já percebemos, mas é possível dissolvê-lo aos poucos, considerando que um dos principais recursos das empresas é o humano e, se as pessoas têm suas necessidades básicas atendidas, sentindo-se seguras, acolhidas e amparadas pela gestão, elas irão produzir melhor.

Se você não é Miranda Priestly, aprenderá a ser em dois minutos. Basta ter uma assistente. Essa é uma relação em que podemos facilmente perceber como a engrenagem existe para uma manutenção de poder. Você come o pão que diabo amassou com donas de confecção, estilistas, stylists e figurinistas a quem presta assistência. Não te pagam um salário ou um cachê digno, te dão muito mais trabalho do que você foi contratada para fazer, não há horário reservado para alimentação, a jornada de trabalho é insana, quase ninguém sabe seu nome completo e muito menos o que você tem que fazer para chegar naquele horário combinado no job. Você engole tudo isso porque está aprendendo e fazendo portfólio. Depois de um tempo, consegue assinar trabalhos e, com uma demanda um pouquinho maior, sente a necessidade de uma assistente. Você então considera o aprendizado obtido por experiências horríveis e garante que aquela pessoa não passe por nada do que você passou? Se sim, se você é uma pessoa evoluída e age dessa forma, na hipótese de essa assistente faltar por um problema de família, chegar atrasada, perder uma roupa cara ou cometer qualquer deslize absolutamente comum e humano, como você reagiria? Pode até ser que você não reproduza nenhum dos comportamentos tóxicos que vivenciou – e espero que seja assim! Mas, humanos que somos, num momento de mais estresse, cansaço ou insegurança, você pode, sim, agir no automático e recair no imaginário coletivo.

Agora, note que o termo é **imaginário**, e não **realidade** coletiva. O imaginário é o que habita nossa mente, e não nosso mundo físico. Sendo assim, nos comportamos com base em imagens de nossos mapas mentais, que nem sempre são comprovadamente a melhor maneira de agir em uma determinada situação. Mas foi assim que aprendemos, então é assim que fazemos. Trazemos para a realidade o que mora no nosso imaginário, em uma tentativa de fazer valer o que acreditamos sobre aquela experiência. Por exemplo: se você acredita que precisa sempre pedir um aumento para sua gestão quando julga necessário e também acredita que jamais será reconhecida financeiramente sem demonstrar insatisfação com o valor que ganha, quando você senta para fazer esse pedido, já traz com você uma série de comportamentos ensaiados mentalmente para as possíveis respostas da sua gestão. Você já prevê uma conversa conflituosa e que terá que "brigar" para conseguir aquele aumento. Essa historinha mora no imaginário coletivo de todos nós. Às vezes a história se prova real; mas, muitas vezes, não. Isso porque o que mora em nosso imaginário é só imaginário, ou seja, não é real até que se torne real. As personagens do Olimpo fashion só são verdadeiras quando as fazemos ser.

Se você é da área da moda ou gosta um pouco do assunto, deve conhecer Anna Wintour, a editora-chefe da *Vogue* americana, que inspirou a personagem de Miranda Priestly em *O diabo veste Prada*. E você também deve ter em mente uma persona sobre pessoas que trabalham na área de moda. Algumas características de comportamento e estilo de vida se repetem nas profissionais dessa área, certo? Talvez ser altamente conectada e ter uma conta no Instagram seja um desses elementos em comum, não?

Por que Anna Wintour não tem Instagram?

Como pode a rainha da imagem de moda não se expor em redes sociais?

O que isso nos diz?

THE SEPTEMBER ISSUE

THE SEPTEMBER ISSUE
https://www.youtube.com/watch?v=Ph7HLll8XmA

Esse documentário é de 2009. Três anos depois do lançamento de *O diabo veste Prada*, foi possível conhecer um pouco da vida real da mulher dita como a mais poderosa do mundo da moda. O documentário desmistifica um pouco a falta de humanidade quando mostra sua família, mas, na maior parte do tempo, ela sustenta o manto que lhe foi dado. O mais interessante nesse doc é observar as pessoas que interagem com Wintour no dia a dia. Claro que, com uma câmera gravando, por mais realidade que se deseje no gênero documental, existem limites e as pessoas acabam se portando de forma um pouco diferente do que realmente são, mas, mesmo assim, é possível perceber a tensão que entra no recinto com o simples anúncio de que Wintour vai chegar. Tudo que as pessoas desejam é a aprovação dela, para qualquer coisa, dá impressão que as pessoas querem a aprovação dela até para existir! Esse poder atribuído a ela pouco tem a ver com as competências que ela tem, já bem sabidas e reconhecidas, mas diz respeito ao imaginário coletivo associado a essa figura da editora-chefe da maior (em visibilidade) revista de moda do mundo.

EDNA MODA

EDNA MODA: VÍDEO BRASILEIRO

https://www.youtube.com/watch?v=wRnKVbriupQ

BRAVO EDNA: VÍDEO INTERNACIONAL

https://www.youtube.com/watch?v=gR-aN3orCPU

Você conhece a Edna Moda, personagem infantil do filme *Os incríveis*? Ela é a designer que cria os uniformes dos heróis. Ela é rica, usa sempre preto, não ri, tem um semblante de poucos amigos e não demonstra emoções, a não ser para suas próprias criações. Em 2018, para o lançamento do segundo filme, aqui no Brasil realizaram uma ação de divulgação na qual nomes da moda brasileira faziam uma homenagem à Edna Moda, como se ela fosse uma pessoa real, reproduzindo a ação original feita nos Estados Unidos.

Apesar de ser uma ação bem criativa em termos de propaganda, qual público se buscava atingir com ela? O vídeo original tem mais de 430 mil visualizações, enquanto o brasileiro tem mais de 45 mil. O legal aqui é perceber que, apesar de sermos um país completamente diferente dos Estados Unidos em todos os sentidos culturais e históricos, as imagens dos profissionais de moda de nosso país não condizem com isso. Na verdade, no vídeo original vemos muito mais cores e diferentes estilos nas roupas, e até uma certa diversidade de pessoas. No do Brasil, impera o preto, os óculos escuros e a austeridade estruturada em fantasia de elegância. Mas o vídeo, a ação e as pessoas escolhidas para o vídeo são absolutamente coerentes com o imaginário coletivo sobre quem são os profissionais de sucesso na moda. A personagem da Edna é uma brincadeira com essa persona e no vídeo brasileiro podemos ver que ela existe mesmo! :)

Essas imagens de moda são fascinantes para quem gosta da área em qualquer nível. Quando assistimos a um grande desfile, a um documentário de algum grande criador, a uma exposição do Met ou a qualquer superprodução com a temática de moda que reúna todos os elementos que moram em nosso imaginário, nossa... é uma coisa fantástica! Literalmente. E muito distante do que de fato é o universo da moda. Tudo isso que acabo de mencionar constitui um recorte minúsculo do que é a indústria e do que é o dia a dia da moda. É a cereja do bolo que pouquíssimas pessoas comem e que, na real, faz pouca diferença no todo!

Para você entender o que é de fato a indústria da moda, vou exemplificar utilizando a mídia que já aprendemos ser a mais efetiva para nosso cérebro: o audiovisual. ;)

THE TRUE COST

THE TRUE COST
https://www.youtube.com/watch?v=DjncKUmpOZk

O documentário de Andrew Morgan lançado em 2015 faz jus ao título e retrata o verdadeiro custo da moda para o meio ambiente e para os países subdesenvolvidos, onde é confeccionada boa parte da produção de roupas mundial. Dificilmente alguém que trabalha com moda ou a estuda ainda não assistiu a esse documentário, mas para quem não é

131

da área ou está começando é um material fundamental para compreender o que digo quando trato os desfiles e as imagens de moda como recortes mínimos do que de fato é a indústria. O impressionante é que, mesmo que saibamos disso e assistamos ao filme, as semanas de moda seguem acontecendo. Algumas poucas iniciativas para ressignificá-las e pensar em outros formatos aconteceram em 2019 e 2020, e elas serão detalhadas um pouco mais pra frente.

ESTOU ME GUARDANDO PARA QUANDO O CARNAVAL CHEGAR

Este é outro documentário, dessa vez sobre uma cidadezinha do interior de Pernambuco que é responsável pelo maior número de confecção de peças em denim, jeans, do Brasil. Esse filme de Marcelo Gomes foi lançado em julho de 2019 e ainda é uma obra pouco conhecida, mesmo por pessoas especialistas em denim, acreditam? É tanto conteúdo aos quais devemos estar atentas que muitos materiais extremamente relevantes acabam ficando para trás. Toritama é o nome da cidade que, com menos de 50 mil habitantes, é responsável pela produção de 20 milhões de peças por ano. O documentário retrata uma indústria que não só negligencia, mas aliena pessoas para atender uma demanda absolutamente desnecessária e que serve para o enriquecimento acumulado de poucas empresas. Se ainda não assistiu, pare a leitura e vá ver.

DEMÔNIO DE NEON

DEMÔNIO DE NEON
https://www.youtube.com/watch?v=yz7RJOqgkVw

Com Elle Fanning e Keanu Reeves, esse filme alemão de 2016, dirigido por Nicolas Winding Refn, é uma verdadeira obra-prima em termos de direção de arte. É praticamente um *fashion film* em forma de longa-metragem. Suas imagens são todas cuidadosamente articuladas, com elementos estéticos que poderiam ser um editorial de moda em uma revista. A história do filme é bem comum ao mundo da moda: a chegada de uma *new face* em uma grande cidade, sua jornada de produzir os primeiros materiais, participar de castings, interagir com modelos veteranas, frequentar festas para fazer *networking*, etc. Acontece que o roteiro trabalha de forma muito inteligente essa jornada de iniciante, com os desafios postos na área. Cheio de bizarrices metafóricas, o filme é um soco no estômago da imagem de moda que é posta em xeque a partir do momento que nos deparamos com a imagem de uma modelo morta e achamos isso bonito. Acredite, você vai se sentir bem esquisito depois de ver esse filme, mas fique calmo que vamos conversar sobre isso!

NINÕS VS. MODA

NINÕS VS. MODA

https://www.youtube.com/watch?v=LlShHeU2qU4

Esse vídeo aqui foi indicação de uma amiga querida e equipe de vida, a Larissa Henrici. A Lari usou esse vídeo em uma aula sobre composição de imagem e *acting* de moda. No vídeo, Yolanda Domínguez faz um experimento convidando crianças a assistirem a uma sequência de imagens de moda e fazer suas interpretações sobre o que está acontecendo na cena, e como as pessoas na cena estão se sentindo. Palavras como: "medo", "assustada", "drogada", "sofrendo" e "precisando de ajuda" são frequentes nas interpretações de imagens com mulheres; já as imagens com homens são associadas aos termos: "heróis", "chefes", "estão felizes". Por que será, né?

As imagens mostradas no vídeo representam um determinado recorte no tempo e colaboram para a compreensão de como o imaginário coletivo foi formado, ainda que o *acting* atual das modelos, as poses, esteja reproduzindo cenas mais cotidianas, apontando sinais de uma possível mudança. No vídeo de Yolanda é possível perceber não apenas a violência representada de forma linda, como também o descabimento da mensagem que transmitimos quando publicamos e compartilhamos essas imagens.

IMAGEM E SAÚDE MENTAL

O site fashionista.com publicou em fevereiro de 2020 uma pesquisa realizada com profissionais que atuam mundialmente nas semanas de moda. A chamada do *report*, escrito por Dhani Mau, afirma: "Semanas de moda são cheias de lixo, exaustão e desorganizadas – mas não de todo sem sentido, de acordo com a nossa pesquisa". Cerca de quinhentas pessoas que trabalham ativamente nas semanas de moda como stylists, jornalistas de moda, designers, compradores e influenciadores responderam o questionário, que buscava medir a relevância desse evento de moda no contemporâneo. As grandes produções relacionadas à semana, com cenários, equipes gigantescas, horários apertados, viagens aéreas, festas pós-desfile, milhares de credenciais, seguranças, montadores, DJs, camareiras, faxineiros, produtores, motoristas, foram alvo dos questionamentos.

Em uma pesquisa realizada por mim em 2005, sobre os desfiles de moda e sua aplicação econômica como estratégia de marketing, foram analisadas duas marcas do segmento de jeanswear. Uma delas desfilava na São Paulo Fashion Week (SPFW) e a segunda tinha optado por não realizar mais desfiles em semanas de moda, direcionando sua verba de marketing para outras ações, como uma casa showroom que também servia de estadia para compradores de outros estados e cidades, que vinham ver a coleção. Nem preciso discorrer como essa é uma ação que causa grande satisfação e conexão com seu cliente, além de promover uma imersão literal no universo da marca. Essas e outras ações da mesma ordem demonstravam um mindset de inovação que levou a marca a tomar decisões muito mais assertivas e alinhadas com seu público, e há 15 anos já tínhamos dados de que participar das semanas de moda nem sempre era a melhor alternativa para uma marca manter seu negócio. Já existiam outras possibilidades.

Aqui no Brasil, além da São Paulo Fashion Week, que é a semana de moda oficial do país, existe o Dragão Fashion, no Ceará, como celeiro de criatividade com DNA brasileiro; o Minas Trend, em Minas Gerais, que trouxe luz a polos importantes de malharia e da moda festa localizados nessa região; e algumas iniciativas de eventos parecidos no Rio de Janeiro, mas que nunca vigoraram por mais de algumas temporadas, como o Rio Summer, criado pelo gigante publicitário Nizan Guanaes, que não deu conta de organizar os deuses do Olimpo fashion, acreditem se quiser! O lance aqui é perceber que, por mais que todo nosso país tenha polos de moda em diferentes segmentos e a indústria seja a segunda que mais emprega, existe uma semana de moda, ou algum evento semelhante, apenas nesses estados. São Paulo, apesar de sediar a semana de moda que é de fato reconhecida mundialmente e fazer parte do calendário global da moda, não consegue representar toda a nossa diversidade. Não faz sentido ter um evento desses em cada estado, mas também não faz sentido ter apenas um e que não dê conta de representar o Brasil. Falar desse assunto é um pouco indigesto e o título do *report* da pesquisa do Fashionista cabe aqui. O propósito desse tipo de evento se perdeu há tempos, mas ficamos e ainda somos apegados a ele, como mostrou a pesquisa, que nos trouxe os seguintes resultados:

"Semanas de moda são sem sentido."

36% responderam que concordam de certa forma com essa declaração.

33% responderam que discordam de certa forma dessa declaração.

Ainda sobre o tema, 73% responderam que gostam das semanas de moda.

"Semanas de moda tomam muito do nosso tempo e recursos."

38% responderam que concordam fortemente com essa declaração.

36% responderam que concordam de certa forma com essa declaração.

"Semanas de moda são nocivas para nossa saúde mental"

36,5% responderam que concordam de certa forma com essa declaração.

22% responderam que concordam fortemente com essa declaração.

"Desfiles de moda não têm nenhum valor."

4% responderam que concordam com essa declaração.

Listo a seguir alguns trechos de respostas abertas de editores, stylists e profissionais de beleza (MAU, 2020, tradução minha):

"Cada desfile ou evento parece uma versão perversa do chapéu de Harry Potter... Por exemplo, a que lugar pertenço se eu nem mesmo consegui uma coruja de Hogwarts?"

"As semanas de moda se tornaram um festival de estresse e ansiedade bianual, fazendo com que esse seja um dos momentos mais difíceis do ano, tanto mental quanto fisicamente."

"Eu deveria apenas observar as roupas e aproveitar o momento, mas em vez disso estou olhando para todos ao meu redor, mentalmente acabada e sentindo que nunca serei boa o suficiente."

"O custo e a pressão para 'acompanhar' têm cobrado muito da minha saúde mental."

"É tão fácil se sentir sem valor nas semanas de moda, e isso pode ser derrotante."

"Sim, os desfiles se tornaram um circo, mas no meio do caos ainda existem designers fazendo roupas importantes e que merecem nosso tempo e atenção."

"Semanas de moda não são desenhadas para pessoas que estão escrevendo a respeito, mas para conteúdo de mídias sociais."

"As semanas de moda dão à indústria cada vez mais fragmentada algum senso de (uma caótica!) comunidade."

Vamos analisar esses números e falas: num universo de quinhentas pessoas que vivenciam as semanas de moda mundiais, a grande maioria (73%) respondeu que gosta desses eventos, mas também a grande maioria sente que tomam muito de seu tempo e recursos (73%). Ainda: mais da metade (58%) dos pesquisados sente que as semanas de moda são ruins para sua saúde mental – mas mesmo assim gostam desse evento (MAU, 2020). Nos depoimentos abertos, pudemos notar um alto nível de estresse e baixa qualidade em saúde mental. A última frase que destaquei dessa pesquisa revela algo importantíssimo e que talvez seja o motivo de nosso apego às semanas de moda: ainda que seja um ambiente que nos faça adoecer emocionalmente e nos canse fisicamente, é o único espaço em que temos alguma noção, "mesmo que caótica", de comunidade. Em uma pesquisa que realizei em maio de 2020 com 50 profissionais da área de moda, moradores de São Paulo, capital, 70% dos respondentes disse sofrer ou já ter sofrido de ansiedade, 40% de depressão, 33,3% de *burnout*; 23,3% já teve ou tem distúrbios alimentares e 16,7% já foi diagnosticado com síndrome do pânico (ANJOS, 2020). Apesar do contingente de pessoas pesquisadas ser relativamente pequeno perto do número total de trabalhadores do setor, essa amostra nos revela como é necessário olhar para essa questão e tratar dela. Sabe um ambiente insalubre, mas que, ao mesmo tempo, é também sua casa? O que fazer sem aquele espaço e convívio? Nesse sentido, manter o apego a um ambiente e a comportamentos que nos agridem é perpetuar a agressão. Trazer isso à luz da consciência e saber que não só podemos como precisamos pensar e criar outras formas mais saudáveis e humanamente sustentáveis de conceber eventos de moda é o cerne dessa questão.

Percebam que até agora, sobre saúde mental, citei apenas dados relacionados à semana de moda. Como disse, não temos dados oficiais da indústria, mas, num raciocínio lógico e considerando os dados não oficiais de São Paulo (FILIZZOLA, 2019; PORTILHO, 2017; YAHN, 2020), temos mais de 300 mil trabalhadores sul-americanos no que chamamos de *sweatshops* ou, em português, "lojas de suor", trabalhando em condições precárias e insalubres. Como será que está a saúde mental dessas pessoas? O buraco é gigante e precisamos olhar para isso.

IMAGEM E MORALIDADE SITUACIONAL

Moralidade situacional é quando a moral é relativa à situação. O dilema do bonde ou do trem é um ótimo exemplo. Apresentado pelo filósofo e psicólogo de Harvard Joshua Greene, o dilema propõe a seguinte situação: um trem sem controle, em alta velocidade, está seguindo em direção a cinco pessoas trabalhando nos trilhos. Você pode salvar essas pessoas mudando uma alavanca e direcionando o trem a outro trilho. Ótimo, é claro que fará isso, certo? Porém, nesse outro trilho tem uma pessoa também trabalhando.

O que você faz?

Ao ouvir esse dilema, a maioria das pessoas opta por mudar a alavanca e sacrificar uma pessoa, para salvar as outras cinco.

Mudando um pouquinho a situação: um trem sem controle, em alta velocidade, está seguindo em direção a cinco pessoas trabalhando nos trilhos. Você pode salvar as cinco pessoas, mudando uma alavanca e redirecionando o trem para outro trilho. Porém, nesse outro trilho há uma pessoa também trabalhando, que é o seu pai.

O que você faz? Ficou um pouco mais difícil responder, certo?

Esse e outros vários dilemas que trabalham ética vão mostrando pra gente como a moralidade depende de uma série de fatores. Mas o que tudo isso tem a ver com imagem, moda e cérebro?

Um outro experimento sobre moral, em uma série chamada *Brain games*, mostrou um senhor, de mais ou menos 65 anos, vestindo um terno, caminhando por uma praça no meio do dia, até que tropeçou e caiu. Várias pessoas prontamente foram ao seu encontro para ajudá-lo a se levantar. O senhor agradeceu e seguiu. Que bom, né?

Em seguida, foi feito praticamente o mesmo experimento, mudando-se apenas um detalhe: um senhor, de mais ou menos 65 anos, vestindo um terno e segurando uma garrafa, caminhava por uma praça no meio do dia, até que tropeçou e caiu. Nesse caso, o senhor permaneceu caído por horas. Ninguém parou para ajudar.

O que mudou?

A garrafa na mão de um velhinho que tropeça e cai no meio de uma praça em plena luz do dia nos diz que ele é bêbado, vagabundo, perigoso e não merece nossa ajuda.

Em outro experimento nessa mesma praça, à luz do dia, uma mulher, loira, bem vestida, pede ajuda a quem passa, com o objetivo de encontrar um endereço. As pessoas param todas as vezes e se prontificam a ajudar rapidamente.

Depois, foi repetida praticamente a mesma situação, mudando-se apenas um detalhe: à luz do dia, uma mulher, loira, com as roupas um pouco rasgadas e sujas, pede ajuda a quem passa, com o objetivo de encontrar um endereço. Além de ninguém parar, as pessoas passam a se distanciar e mudar de direção. Ninguém fala com ela.

A série explica que nosso cérebro tende a se aproximar dos iguais, mas percebemos como iguais não aqueles com quem compartilhamos a humanidade, mas quem se veste como nós, e é aqui que a moda se encontra com a moralidade situacional. Quando um respondente da pesquisa do Fashionista (MAU, 2020) diz que as semanas de moda são o melhor que temos em termos de comunidade, enquanto outro diz sentir que nunca será bom o suficiente para aquele ambiente, o que estão nos dizendo é que eventos de moda são ambientes sociais onde nos unimos para nos relacionar. Ali encontramos pessoas mais ou menos como a gente, pelo menos no exterior. Ao mesmo tempo, a sensação de não pertencimento é altíssima para a maioria das pessoas, e a sensação de estar sendo analisada de cima a baixo é constante. Se você cair do salto num evento de moda, será que alguém vai te ajudar? Se você pedir direções num evento de moda será que o vão acolher ou se afastar?

O que nos torna iguais ou diferentes a ponto de influenciar a nossa moral e a dos outros?

As imagens de moda fazem parte da nossa vida há tempo suficiente, a ponto de confundir nossas percepções mais fundamentais. As crianças aprendem na educação infantil o que cada expressão facial significa: alegre, triste, com raiva, etc. É um aprendizado elementar, povos de diferentes culturas conseguem distinguir expressões faciais das emoções de base. Mas, para mostrar como as imagens de moda podem nos deixar confusos, vou colocar aqui um link para um teste da revista *Nss Mag*, que apresenta fragmentos de imagens para que você responda se se trata de uma imagem de moda ou de uma imagem pornográfica. Atenção, pois o conteúdo é adulto mesmo!

FASHION OR PORN?

FASHION OR PORN?
https://www.refinery29.com/en-us/2013/12/59373/fashion-or-porn

Esse teste nos mostra como imagens com intenções diversas passam pelos nossos olhos, entram na nossa mente e compõem nossos mapas mentais sem que a gente faça isso de forma consciente e atenta. As imagens são normalizadas pela sequência e frequência de vezes que as vemos, mesmo em diferentes contextos. O que não é moralmente aceito em um contexto é amplamente admirado em outro, e o que muda muitas vezes é apenas o contexto e pequenos detalhes de styling.

DISRUPÇÃO NAS ESTRUTURAS DA MODA

Em entrevista para a *Forbes* sobre o livro *Fashionopolis: o preço do fast fashion e o futuro das roupas*, a autora Dana Thomas recebeu o seguinte questionamento: "As pessoas não querem usar suas roupas tantas vezes como costumavam fazer. Como mudar esse mindset?" (SHATZMAN, 2019).

De fato, para quebrar paradigmas da moda é preciso conhecer e compreender os mindsets ou modelos mentais que existem e como eles foram formados. Já discutimos sobre os mapas mentais, sobre os modelos mentais na área de moda, sobre como o nosso cérebro aprende e sobre os impactos das imagens na nossa mente, quanto à construção de crenças e valores, então acredito que já tenhamos insumos suficientes para compreender que nosso mundo é cheio de paradigmas e, se você em algum momento da sua vida pensou que moda era algo fútil, superficial ou não importante o bastante para ser misturado com ciência, acho que já mudou de ideia, né? As passarelas como palco do espetáculo da moda e os editoriais de moda como registros de realidades ilusórias, mas épicas, no mundo fashion enfeitiçam nossa mente. Emprestamos da arte a licença poética para algumas ousadias estéticas e nos distanciamos cada vez mais do ser humano, do usuário das peças de roupa. Essa fumaça toda de glamour nos impediu de ver para onde estávamos caminhando e quem estava ficando pelo caminho. Tantos *shootings* que os flashes nos cegaram e não percebemos as tantas personalidades e autoestimas que matamos, literalmente, com esse tiroteio insano.

Participar de um *shooting* de moda é o desejo de 90% das pessoas que ingressam num curso. Utilizamos o termo em inglês, que na tradução literal significa "tiroteio". Isso mesmo! Nem dá para usar a tradução, né?! Poderíamos falar "sessão de fotos", mas é considerado muito mais cafona usar termos da nossa própria língua. Nós a matamos também, e segue o *shooting*! Adolescentes olham para as imagens de moda e não se sentem representadas. Mulheres com mais de 40 anos com uma carreira incrível olham para as imagens de moda e consomem aqueles produtos numa ânsia de ser algo que nunca serão, simplesmente porque isso não existe, é inventado, é ficção. São centenas de milhares de pessoas com seu emocional devastado pela moda. O "sonho da moda" é um pesadelo para pessoas gordas, para pessoas negras, para pessoas com deficiências físicas, para pessoas pobres e marginalizadas... O sonho da moda é sonho para pouquíssimas pessoas.

ESSE É O GRANDE PARADIGMA DA MODA: A ILUSÃO.

A ILUSÃO DE CRIAR SONHOS, QUANDO NA VERDADE GERA PESADELOS.

A ILUSÃO DE SER ARTE, QUANDO NA VERDADE EXISTE MUITO MAIS PARA O CAPITAL DO QUE PARA A EXPRESSÃO DE UM CRIADOR.

A ILUSÃO DE PERTENCIMENTO, QUANDO NA VERDADE MASCARA IDENTIDADES.

A ILUSÃO DE SER UMA GRANDE INDÚSTRIA CRIATIVA, QUANDO NA VERDADE O QUE IMPERA É A REPRODUÇÃO.

A ILUSÃO DE SER UMA ÁREA DE VANGUARDA, QUANDO NA VERDADE ELA APRESENTA RESISTÊNCIA E SE MANTÉM ATRELADA A FORMATOS DE PRODUÇÃO E COMUNICAÇÃO CRIADOS NO SÉCULO PASSADO.

Vejam este evento:

DESFILE DA MARCA DOLCE & GABBANA, EM JULHO DE 2019.

https://www.youtube.com/watch?v=FWODSGxs8WA

É impossível negar a magnitude da produção e dos vestidos das *deusas* ali desfilando. É emocionante e fico imaginando como deve ter sido assistir a isso pessoalmente. É lindo! Mas é uma grande ilusão. O Olimpo fashion a que me refiro metaforicamente desde 2018 se materializou nesse desfile que levou a moda para esse nível mitológico. Os deuses e deusas são inalcançáveis, muito mais fortes que os humanos, subjugaram os humanos como bem entendiam, mas nos concederam coisas boas aqui e ali. É exatamente como se manifesta o comportamento dos profissionais da área, que representam pessoas dotadas de competências espetaculares, talentos únicos; cabe ao resto da humanidade seguir suas criações de peças e imagens. Uma grande ilusão.

Quando pensamos na figura do designer, já reparou que quase sempre imaginamos um homem gay? Dior, Yves Saint Laurent, Lanvin, Clodovil ou Dener, para não deixar de citar os brasileiros, moram no nosso imaginário coletivo que, desde Charles Worth, em 1858, precursor disso tudo, estabeleceu a imagem do costureiro como a maior autoridade da moda. É um homem gay que também nos vem à mente quando pensamos na beleza de moda. São eles que assinam as belezas dos grandes desfiles, mas é uma equipe enorme de mulheres que faz tudo acontecer. Também é um homem que imaginamos quando falamos em um estudante de moda, aqui no Brasil, porque desde que Herchcovitch causou em uma grande faculdade de moda e saiu como *enfant terrible*, no nosso imaginário coletivo é esse cara que estuda moda, subverte tudo e se torna um gênio desse universo. E faz até estampas para lençol, veja só. O stylist também é um homem gay, aquele que conhece todas as modelos, que pega tudo que o estilista criou e organiza de uma forma coerente e maravilhosa para entrar na passarela ou para uma sequência de editorial. Para as mulheres ficam as profissões de jornalista de moda, de editora, de produtora e de costureira. Ficamos com a operação. Esses estereótipos são construídos ao longo do tempo, como já falamos, e apesar de morarem no imaginário coletivo das profissões de moda, não condizem com a realidade. Existem muitíssimas mulheres fotógrafas extremamente competentes e que em nada se parecem com o fotógrafo hétero, bonitão e abusador que mora no Olimpo fashion. As mulheres maquiadoras são ultracriativas, alquimistas que criam suas cores e texturas para conseguir chegar ao resultado que desejam, mas são quase invisíveis. Você sabe o que é um modelista? É o profissional que transforma o desenho técnico da roupa em molde para ser cortado no tecido. É como se fosse um engenheiro da roupa. Trata-se de um profissional admirável e que soluciona problemas bastante complexos de vestibilidade e volumetria. As pessoas mal sabem que essa profissão existe e que sem essas pessoas não existiria roupa pronta, apenas projetos. E nem preciso falar das costureiras, bordadeiras, arrematadeiras e cortadores, né? Também não existem no nosso imaginário coletivo sobre o universo da moda. As costureiras são nossas avós ou a senhorinha do bairro que sempre ajustou nossas roupas, elas não entram na categoria de profissionais da moda porque estão muito distantes da imagem da Miranda Priestly, que é tão viva em nossa mente.

É assim que é, mas não precisa mais ser. Como dizia uma campanha contra *cyberbullying* de 2018, que tinha como tag "e agora que você sabe?", se você tem consciência de uma situação e segue repetindo um comportamento, isso passa a ser uma escolha sua, e não mais ignorância.

Quebrar os paradigmas da moda exige grande energia, a mais humana que possa existir, considerando pessoas e pensando em soluções para além do glamour e dos apegos aos formatos que nos trouxeram até aqui. É para isso que precisamos usar nossa criatividade e espírito de vanguarda, para criar novas imagens, saudáveis; para criar novas roupas com as toneladas que já existem e que muitas vezes vão direto para o aterro sanitário ou são queimadas porque não venderam e não se tem onde armazená-las. Os desafios da quebra de paradigmas da moda são muitos e são ótimas oportunidades para colocarmos o cérebro para trabalhar a favor da moda, e não mais ser iludido por ela.

TRANSFORMAÇÕES POSSÍVEIS: ARTE E TECNOLOGIA

> *If nothing else, believe in art.*
>
> (AUTORIA DESCONHECIDA)

Essa frase é bastante usada por artistas e, traduzida para o português, seria algo mais ou menos assim: "Quando em nada mais puder confiar, acredite na arte".

A arte como meio de aprendizado, como construção de identidade e de tecido social, é ainda pouco trabalhada e valorizada em nosso país. Assim como muitos pensam que moda é algo fútil e superficial, existe uma grande parcela de pessoas que acredita que a arte é para poucos. Por meio da arte é possível efetivar aprendizados fundamentais para a transformação de mindsets. Como os elementos estéticos têm alta fixação em nosso cérebro, podemos fazer conexões transversais de saberes que, misturados com a arte, tornam-se poderosos agentes da mudança. Mas por que precisamos mudar?

Em todas as áreas e esferas de nossas vidas, temos vivido profundas transformações. As quebras de paradigmas estão acontecendo no trabalho, na escola, na família, em instituições religiosas, na política e na sociedade, como um todo. Tais transformações ocorrem em âmbito prático e operacional com o uso da tecnologia, como vemos no caso dos aplicativos de motoristas, de reserva de hospedagem, de academias, de música, de GPS, de mensagens... Há uma série de práticas do nosso dia a dia que antes eram feitas de uma determinada forma e que, com as possibilidades da tecnologia, passaram a ser feitas de outra, mais dinâmica. Até o famoso amigo-secreto de final de ano hoje é automatizado, e não precisamos reunir a família toda para tirar os papeizinhos! Seguimos fazendo o amigo-secreto, assim como continuamos viajando e nos hospedando, optando pelo transporte particular motorizado, precisando de direções para chegar aos lugares e querendo ouvir música em qualquer lugar onde estivermos. Nossos hábitos não mudaram, mas modificou-se o modo como realizamos nossas coisas. As tecnologias que facilitam nossa vida alcançam rapidamente grandes números de usuários e, diferentemente do que pensamos, isso não costuma acontecer porque alguém cria algo de que precisamos, o que ocorre é que muitas vezes alguém otimiza algo que já existe, possibilitando que um maior número de pessoas acesse esses recursos. Especialistas financeiros dizem que é mais barato em longo prazo utilizar aplicativos de transporte do que ter um carro próprio. Assim, quando você precisa se locomover, com liberdade de horário e mantendo sua privacidade, você tende a usar aplicativo de motoristas, e não o transporte público ou bicicletas, por exemplo, que exigem uma mudança de hábito maior, que nem sempre a tecnologia proporciona. Tá dando pra entender? Sempre que falamos sobre as mudanças pelas quais o mundo está passando, nós nos atemos ao que é operacional e prático. Falamos muito pouco sobre as mudanças de hábitos e de modelos mentais.

É claro que as mudanças precisam começar de algum jeito, porém, assim como nos iludimos com imagens de moda, nós nos iludimos com as **imagens de mudança**. Por exemplo, ao comprar um copo reciclável e utilizar esse produto em eventos sociais, você assume a carapuça de ecoconsciente ou repete o comportamento disseminado que diz como uma pessoa que se preocupa com o meio ambiente deve **parecer**. Você usa roupas claras, de tecidos naturais ou de reúso e de marcas conhecidas no meio da sustentabilidade, enche a casa de suculentas em potinhos lindos, garante que a peça que está vestindo é agênero, para de comer carne, começa a meditar usando looks fluidos e cheios de estampas de mandalas indianas. Tirando a mudança da alimentação, todas as outras são de âmbito material, que contribuem, sim, para mudar o mindset, mas a armadilha é cair num outro formato de consumo de imagem, sem aprendizado algum. Você apenas substitui sua tribo para se encaixar na gangue do slow fashion, porque essa é a onda, mas acontece que às vezes as ondas se esvaziam na areia. Para não cair na armadilha de mudar e permanecer no nível do parecer, são necessárias conexões significativas, que podemos encontrar na arte.

Pois então como fazer com que essas mudanças sejam mais profundas, alcançando também nossos cérebros, para ampliarmos nossas conexões e termos outros aprendizados? Será que isso é possível?

A primeira coisa que precisamos saber é que esse processo leva um tempo para acontecer, demanda uma transformação. E há diferença entre os termos **mudança** e **transformação**. Mudar é algo que pode ser desfeito e que acontece em um nível mais material, mesmo. Por exemplo, você muda de uma casa para outra, de um trabalho para outro, muda de roupas, muda de relacionamento. A natureza da ação permanece a mesma. Já uma transformação não prevê retorno – é quando uma célula se transforma, para exemplificar. Assim, quando falamos em transformação de modelos mentais, estamos nos referindo a algo muito além do tecido ou do canudo – eles são apenas pequenos lembretes de que uma transformação está acontecendo.

Para estimular que as transformações aconteçam, precisamos de ações contínuas. E a arte pode ser uma ferramenta extremamente eficaz nesse processo. O filósofo e poeta Jean-Marie Guyau, no livro *A arte do ponto de vista sociológico*, discorre sobre o papel da arte como agente ativo social: "É, no fundo, o que faz a arte: transmuta, transfigura, recria o homem e o mundo. Ela não é inócua. Ela ajuda a produzir o real, não é um mero adorno. Ela é ativa. Ela ajuda a produzir o real, ela está na base das grandes transformações" (GUYAU, 2009, p. 20).

Expressões artísticas são essencialmente humanas. Todo processo criativo exige uma determinada carga de energia pessoal, e colocamos naquela obra essa energia. Quando outras pessoas têm contato com essa criação e se conectam com aquela expressão, estão se conectando com a pessoa que criou aquilo. Pode parecer energético demais, mas é o mesmo mecanismo que atua no caso das expressões faciais de sentimentos básicos, algumas coisas nos conectam como humanos – não é místico, é físico mesmo. Só que essas conexões não acontecem no dia a dia por conta da rapidez com que nos relacionamos com praticamente tudo: entramos no automático da vida, e o que não é visivelmente produtivo torna-se fútil e superficial. A arte e a moda caem nesse buraco. A gente passa a se vestir automaticamente, sem considerar tudo que está implícito nesse ato. Já a arte não é pra gente, porque não temos tempo pra isso. Se você se der um minuto, 60 segundos, de atenção plena a este momento, irá sentir minha energia ao escrever este texto. :)

"A arte de um ponto de vista sociológico é a arte que tem como valor maior o encontro, a perspectiva que o artista tem de ser ele mesmo e também os outros em um só tempo."

(GUYAU, 2009, p. 23)

Toda arte vem carregada de humanidade e, na constituição social em que vivemos, precisamos o tempo todo de lembretes da nossa humanidade. Talvez com essa frase eu ative no seu cérebro uma informação do imaginário coletivo, que é: "a tecnologia nos distancia e nos rouba a humanidade", e hoje vivemos imersos em muita tecnologia. Eu não acredito nisso, pois a tecnologia nos possibilita transpor distâncias físicas, facilita nossas operações de dia a dia e é uma ferramenta de fundamental importância para a sociedade contemporânea e do futuro. Então, para mim, a tecnologia não é uma inimiga, porque representa evolução, e unida à arte possibilita criações com grandes potenciais. Mas a gente fica apegado, né... rsrsrs. Nos apegamos aos formatos já conhecidos e o desconhecido nos gera medo, insegurança e ansiedade. Se não aprendemos a lidar bem com essas emoções, fica mais fácil negar sua funcionalidade e se distanciar da ferramenta, do que aceitar, aprender e conviver. É humano ter medo e precisamos nos conectar com essa emoção também. O que a arte nos propõe são encontros infinitos com pessoas e emoções diversas. Trazer mais arte para nosso dia a dia, hoje tão tecnológico, significa se conectar energeticamente com essas pessoas e emoções.

"A emoção artística é, portanto, essencialmente social. Ela tem como resultado ampliar a vida individual, fazendo com que ela se confunda com uma vida mais ampla e universal."

(GUYAU, 2009, p. 33)

É nesse ponto, das emoções, que conectamos com a neurociência: já entendemos como e onde elas se formam, e a arte se faz aqui um fortíssimo estímulo de ativação do sistema emocional, ou sistema límbico. Nas páginas a seguir vocês verão uma série de imagens que representam os conceitos discutidos neste livro. O objetivo é ativar suas emoções e elaborar sentimentos por meio de estímulo visual artístico. O Olimpo fashion, nestas imagens, é desconstruído por meio da arte digital: a moda é representada como Zeus e algumas das profissões da área são relacionadas a deuses olhando com uma lente azul; mas, se você olhar com uma lente vermelha, verá o que é a realidade. A proposta deste editorial, que não foi feito com sessões de fotos, é apresentar de forma prática uma das tantas possibilidades e alternativas para os formatos da moda. Se no tópico anterior falamos sobre os momentos em que a moda empresta da arte a licença poética para ousadias estéticas, distanciando-se do ser humano, aqui apresentamos uma forma diferente de conectar moda e arte, de modo a potencializar nossa humanidade.

"Sem a luz das artes e das humanidades, as ciências não podem iluminar sozinhas a totalidade da experiência humana."

(DAMÁSIO, 2018, p. 15)

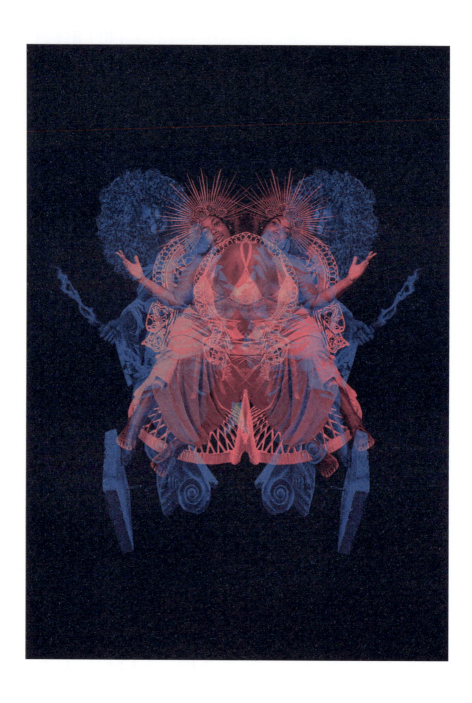

O CÉREBRO E A
MODA
– NEUROPLASTICIDADE E NEUROESTÉTICA

NEUROPLASTICIDADE E ATENÇÃO PLENA

"Mapas cerebrais não são estáticos como da cartografia clássica. São instáveis, mudam a todo momento para refletir as mudanças que estão ocorrendo nos neurônios que lhes fornecem informações, os quais, por sua vez, refletem mudanças no interior de nosso corpo e no mundo à nossa volta, As mudanças nos mapas cerebrais também refletem o fato de que nós mesmos estamos constantemente em movimento." (DAMÁSIO, 2011, p. 91)

Você já deve ter visto alguma imagem de um cérebro e seus neurônios, certo? Os neurônios são células que formam nossa rede neural e, por meio dessa rede, uma célula transmite informações para outras, formando circuitos. Cada experiência que vivemos, cada informação que recebemos, tudo que aprendemos, sentimos e experienciamos ativa uma série de conexões e circuitos. Quando algo novo que não estava previsto nesses circuitos acontece, as células recebem e elaboram essa informação, criando novas conexões, ampliando os circuitos e também a rede. Essa capacidade de criação de novas conexões, circuitos e rede é o que chamamos de **neuroplasticidade**. O termo vem da capacidade **plástica** de transformação. Portanto, neuroplasticidade é a capacidade de transformação no nosso cérebro. A partir desse conhecimento, você não pode mais cantar a música: "Eu nasci assim, eu cresci assim!", nem dizer que não consegue mais aprender alguma coisa. Nosso cérebro é estruturado para aprender, sempre. Mesmo com o envelhecimento das células, ou seja, com o avançar da nossa idade, o cérebro mantém essa capacidade de estabelecer novas conexões. Pronto, a idade também não pode mais ser uma desculpa. :)

POR QUE SOMOS TÃO RESISTENTES A NOVAS EXPERIÊNCIAS E APRENDIZADOS?

O princípio da mínima ação de Richard Feynman pode ser responsável por isso, e, atenção, não me refiro ao jargão popular da "lei do menor esforço". António Damásio menciona o princípio da mínima ação ao explicar os agrupamentos celulares primitivos que, em seus movimentos vitais, precederam nossa organização celular humana. As novas conexões e ativações cerebrais demandam energia, saímos do modo automático de operar a vida e entramos no modo "manual", no qual temos de dispender um esforço muito maior. O princípio da mínima ação é como chamamos essa forma automática, que faz uma manutenção do que já existe, poupando energia, garantindo que aquele sistema não estresse com "novidades". Lembra da imagem da floresta de que falamos, na qual é muito mais simples seguir uma trilha já aberta do que começar uma diferente? Fazemos isso para tudo, seguimos pelo que é conhecido, porque esse é o nosso modo padrão de operar.

Você já ouviu falar sobre homeostase? É como se fosse a ignição da vida. É um sistema de regulação celular que mantém a vida em movimento ou, nas palavras de Damásio, "é o conjunto fundamental de operações no cerne da vida" (2018, p. 35). O termo, cunhado por Walter Cannon, é comumente definido como o estado de equilíbrio e estabilidade do meio interno referente ao externo, a partir das trocas entre eles. Nosso corpo vive em movimento, é na manutenção e na evolução dos sistemas que a nossa vida se dá. A homeostase garantiu o que precisávamos como organismos para nos manter vivos e, então, evoluir. Nossa natureza vem dessa manutenção da vida, o que pode ser perigoso nesse processo é **confundir estabilidade com imobilidade**.

DA PALAVRA GREGA **HOMEOSTASE,** TEMOS:
HOMEO, QUE SIGNIFICA *SEMELHANTE*
STASE, QUE SIGNIFICA *FICAR* OU *ESTÁVEL*

A homeostase acontece com a contínua troca e equilíbrio entre meio interno e externo, sendo, portanto, um processo dinâmico. Nesse sentido, essa manutenção da vida está muito mais ligada ao movimento do que ao estático. O que tem de constante aqui é o movimento! Outra palavra que talvez possa substituir o equilíbrio é **ritmo**.

Ritmo, nessa analogia com o equilíbrio, é uma constante de movimento harmoniosa, assim como deve ser o funcionamento do nosso corpo: em constante movimento harmonioso pela vida.

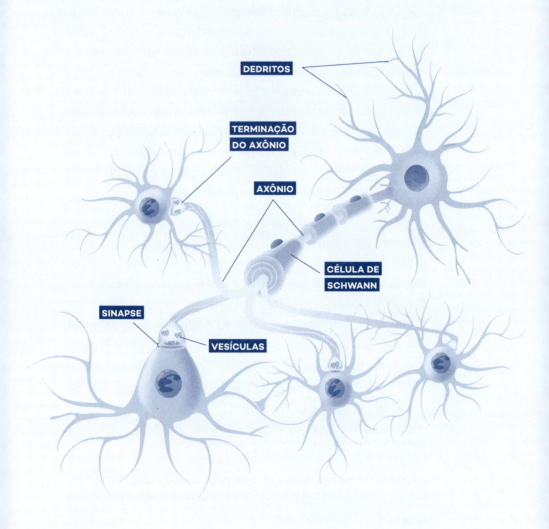

FIGURA 2

Sinapses.

Pois bem, na sequência de evolução da vida celular vêm as células nucleadas ou bactérias, com um funcionamento muito mais sofisticado, dotado de "percepção, memória, comunicação e governança social" (DAMÁSIO, 2018, p. 68). Com essa sofisticação, surge a imunidade e a regulação hormonal. Em seguida, bastante tempo depois, surgiu o sistema nervoso em organismos multicelulares mais complexos, com a função de melhorar a administração da homeostase. As células mais importantes presentes no sistema nervoso são os neurônios, que são células excitáveis e, por isso, quando ativados, produzem uma descarga elétrica que transmite moléculas de substâncias conhecidas como **neurotransmissores** para outros neurônios ou células musculares.

As ramificações que saem do axônio são as prolongações dos neurônios, chamadas de dendritos, e são elas que se multiplicam quando aprendemos coisas novas. Por meio dessas **raízes** é que formamos novos circuitos neurais. Quanto mais fortificados são esses circuitos pelas repetições das ações, mais difícil é alterarmos nossos hábitos. Seguindo com a analogia da trilha numa floresta, quanto mais passamos por aquele caminho, mais forte e visível ele fica. Ou seja, se você faz uma determinada coisa da mesma forma há muitos anos, como escrever com a mão esquerda ou direita, tentar escrever com a outra mão é uma lástima! Mesmo você sabendo escrever e o que quer expressar exatamente.

A boa notícia é que a neuroplasticidade é uma capacidade do nosso cérebro, ou seja, você pode exercitar essa habilidade plástica de transformação e fortalecê-la para que aconteça mais facilmente. Você pode incluir uma série de hábitos em sua vida que podem contribuir para desenvolver sua neuroplasticidade:

Duas vezes por semana, faça caminhos diferentes
para ir ao trabalho ou à escola.

Uma vez por semana,
vista algo que não está
acostumada a vestir
e combine peças de
uma forma que nunca
combinou antes.

Coma algo novo uma vez por mês.

Uma vez por mês, baixe
um aplicativo de algo que
interessa a você e aprenda
suas funcionalidades.

Leia um livro
diferente sempre. :)

Arrisque-se a desenhar pelo menos
uma vez por semana; observe
um objeto ou uma pessoa e tente
desenhá-los; veja como se sai e vá
aprimorando a prática!

Pinte um desenho uma vez
por semana.

Vez ou outra, visite
uma exposição sobre um
tema de que não tem
muito conhecimento.

Assine a newsletter de uma publicação de uma área completamente alternativa à sua área de trabalho a fim de manter uma leitura sobre um assunto diferente da sua rotina.

Aprenda um esporte novo uma vez ao ano.

Tente aprender palavras de uma língua diferente e da qual goste.

Conheça lugares novos, perto ou longe. Faça isso sempre.

Converse com alguém do seu trabalho ou da escola com quem você nunca conversou; faça disso um hábito mensal.

Ande mais a pé, no seu bairro ou perto do seu trabalho ou da escola. Faça dessa caminhada uma expedição: observe o mundo ao seu redor, direcionando seu olhar num campo visual de 360 graus. Olhe para além da altura de seus olhos, amplie seu campo de visão, olhe para o céu, para o chão, para os lados e para trás.

Aliás, faça isso agora, onde estiver! Olhe para o teto ou para o céu, perceba as cores e texturas do ambiente onde você está, os limites e os não limites. Observe as formas, as cores, os volumes, os insetos, a vegetação, as plantas ou os equipamentos.

Faça dessa prática um hábito frequente e estará exercitando sua capacidade cerebral de fazer novas conexões. :)

O último exercício que propus tem a ver com uma prática bastante conhecida e indicada por neurocientistas, que é a atenção plena.

O termo em inglês é *mindfulness*, que, traduzindo literalmente, significa "mente completa". Algumas pessoas atribuem a origem da prática às meditações budistas e alguns identificam semelhanças entre ela e as terapias cognitivas, mas foi o americano Jon Kabat-Zinn quem aplicou pela primeira vez no Ocidente a técnica, em tratamentos contra o estresse. Com os resultados positivos da prática, ele criou o Mindfulness Based Stress Reduction – MBSR (Redução de Estresse Baseado na Atenção Plena). Kabat define *mindfulness* como:

"A consciência que emerge ao se prestar atenção, com propósito, no momento presente e sem julgamentos."

(KABAT-ZINN *apud* MOORE, 2020)

Para alcançar esse nível de consciência, a meditação é uma das práticas propostas, mas devo ressaltar que a atenção plena não é uma prática como a meditação. É um estado de consciência. Quando falei sobre observar obras artísticas com atenção plena, era a esse estado da mente que me referia. Se você mal se lembra do que comeu hoje no almoço e muito menos tem tempo para refletir sobre quem você é e sobre qual é o seu propósito no mundo, muito provavelmente você tem vivido no "piloto automático", como a grande maioria das pessoas, sem dar a devida atenção às suas atividades cotidianas e à sua espiritualidade. Estando mais presente no que faz, até mesmo suas refeições diárias adquirem mais significado. Esse automatismo do viver é um sintoma de nossa sociedade líquida, caracterizada pela fluidez... até de nossas memórias! Que absurdo, né não? Mas é a real!

Buscar a atenção plena é mais uma forma de alcançar o auto-conhecimento e de não cair nas ilusões da moda. Quando você está atento, plenamente presente, sem a intenção de julgar, você consegue organizar os elementos, os signos e as mensagens, compreender o histórico, o contexto e avaliar se aquilo se conecta ou não com você. Entende? É tipo um superpoder de análise de imagens que nos permite não nos contaminarmos com o que não faz sentido para nós. Espero que a essa altura você já esteja comigo no raciocínio de que não estou falando sobre práticas espirituais, místicas ou religiosas, estou falando de ciência.

Mas já que tenho esse jeitinho de me expressar e talvez você me subestime porque sou da moda (história da minha vida!), vamos aos dados!

Marilyn Kay Nations é uma pesquisadora norte-americana que comandou um estudo da técnica de atenção plena numa comunidade vulnerável de Fortaleza, no Ceará (BRASIL, 2018). Na pesquisa foi constatada uma melhora significativa das dores de cabeça causadas por cefaleia crônica. Em maio de 2006, sob o respaldo da Organização Mundial da Saúde (OMS), o Ministério da Saúde do Brasil aprovou a Política Nacional de Práticas Integrativas e Complementares em Saúde, oferecendo tais práticas como método para a prevenção e tratamento complementar de doenças, disponíveis à população pelo Sistema Único de Saúde (SUS). Apesar disso, as pesquisas sobre a eficácia da atenção plena, que é uma dessas práticas, são bastante recentes. Porém, os resultados ao redor do mundo são positivos e reveladores.

A Universidade de Minnesota realizou em 2014 uma pesquisa demonstrando que, com a prática da atenção plena, foram constatadas alterações em oito regiões cerebrais, incluindo áreas como o córtex frontopolar/BA 10 (responsável pela autoconsciência de pensamentos e emoções); córtices sensoriais e insula (consciência corporal); hipocampo (memória); cingulado médio e anterior, córtex orbitofrontal (autorregulação e emoção); fascículo longitudinal superior e corpo caloso (comunicação de partes do cérebro) (HALEY, DELAGRAN, s. d.).

Já uma pesquisa de Harvard demonstrou que muitos pacientes em depressão não apresentaram melhoras com tratamentos como a psicoterapia e até mesmo com remédios antidepressivos. Nesses casos, a atenção plena se mostrou como uma alternativa complementar aos tratamentos, eficaz contra a ansiedade, fibromialgia e desordem por estresse pós-traumático, conforme artigo de Alvin Powell, publicado pela The Harvard Gazette, em 2018.

Me pergunto como seria a humanidade se adotássemos essa prática nas escolas, empresas e organizações sociais, não apenas como tratamento, mas como um hábito de higiene de saúde mental, possibilitando ao nosso cérebro expandir suas redes, em vez de ficar ancorado em sentimentos ou hábitos tóxicos. A atenção plena junto à neuroplasticidade são uma explosão de possibilidades.

Faça o teste! ;)

NEUROESTÉTICA

"Por vinte anos, o campo da neuroestética tem estudado a neurobiologia das artes e seus impactos no desenvolvimento e no comportamento do cérebro. Enquanto resta muito ainda a ser descoberto, nós estamos começando a aprender um pouco mais sobre como nossa mente processa experiências estéticas e os mecanismos básicos subjacentes a esses comportamentos, pavimentando um caminho para melhor uso da estética na saúde, no bem-estar e na aprendizagem." (IAM LAB, s. d., tradução minha)

A neuroestética, como vimos no primeiro capítulo, é a linha de pesquisa da neurociência que estuda o impacto dos estímulos de elementos estéticos no cérebro. Neste trecho em destaque da pesquisa Impact Thinking, desenvolvida pelo International Arts + Mind Lab da Johns Hopkins University, vemos que, como novo campo de estudo, a neuroestética tem uma longa jornada de descoberta sobre as reações que os estímulos estéticos provocam em nosso corpo, a curto, médio e longo prazo. Nessa pesquisa, é adotada uma metodologia que une estudos empíricos e científicos, que eles chamam de **pensamento de impacto.**

O pensamento de impacto foi desenvolvido para garantir que o processo científico de pesquisa seja "inclusivo, relevante e aplicável", de acordo com o IAM Lab. Esse conceito é extremamente importante para o campo da neuroestética, possibilitando criar metodologias para a realização de experimentos com recortes específicos, que sejam testáveis, produzam dados possíveis de leitura e análise, e que sejam também passíveis de aplicação científica.

Além do estudo como ciência, a neuroestética tem outro grande desafio, que é conectar saberes, como arquitetura, música, antropologia, saúde pública, psicologia, psicanálise, neurociência e artes visuais, em uma experimentação que passe por todos os quesitos de uma pesquisa científica. Esse breve resumo sobre a metodologia desenvolvida pelo laboratório da The Johns Hopkins University School of Medicine nos mostra o quão complexo é pesquisar e falar sobre áreas estéticas com um lastro científico. É importante compreender que esse campo de estudo é muito novo e, portanto, conhecer uma metodologia como essa nos inspira quanto aos caminhos que podemos seguir.

As conexões da moda com nosso cérebro não são de fácil assimilação e, mais uma vez digo, subestimamos a seriedade do impacto das imagens de moda que consumimos e produzimos. Na construção da imagem de moda, temos muito mais do que roupas representadas ali, e já falamos sobre isso também; as composições de imagem contemplam arquitetura, cidades, espaços em geral, objetos de decoração e de uso cotidiano, enfim, as imagens são elaboradas e compostas por grandes produções, nas quais utilizamos elementos de diversas áreas. Temos na prática essa fusão de saberes que se unem para produzir imagens desejáveis, que chamamos de imagens de moda. Ou seja, a moda, em todas suas esferas de expressão, gera incontáveis estímulos estéticos ao nosso sistema límbico.

Na figura a seguir, temos o mapeamento das regiões do cérebro e sua associação com experiências estéticas.

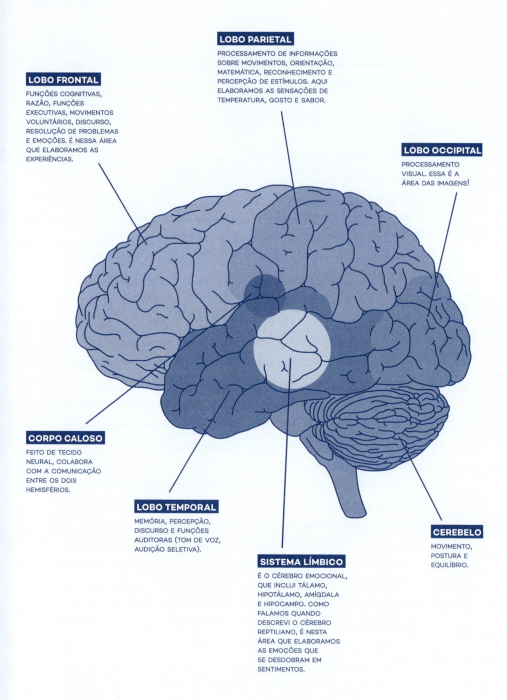

FIGURA 3

Geografia das experiências estéticas no cérebro. Fonte: IAM LAB, s. d.

E quais são os elementos estéticos estudados pela neuroestética? Nós já falamos que muitas áreas e assuntos considerados como fúteis ou não importantes estão na verdade sendo negligenciados e, quando falamos em estética, isso se aplica fortemente. Vivemos rodeados de elementos estéticos. No exercício proposto sobre atenção plena, listei uma série de elementos estéticos ou dotados de características estéticas. Se você olhou para o céu, viu uma nuance de cor, uma determinada intensidade de luz ou talvez uma nuvem com forma e textura específicas. Esses são elementos estéticos. A cor das paredes, os formatos, o piso, os desenhos de estampas, as superfícies, a luz que vem de fora, de dentro... Nosso mundo é composto por elementos estéticos e eles compõem imagens, que são a unidade básica dos nossos pensamentos. Nesse sentido, precisamos deles para conceber o mundo e organizá-lo em nossa mente. Ao mesmo tempo, os elementos estéticos estão tão inseridos em nossa rotina que já entraram no automático e não prestamos atenção neles, de fato. Como é sua cadeira de trabalho? Você sabe a forma, a cor, o tecido, de que material é feita ou se tem alguma textura? Como é o puxador de gaveta da sua cozinha? Ou o piso do seu banheiro? Os ambientes em que vivemos influenciam fortemente nossas emoções, por impactarem diretamente nosso cérebro. Ao organizar suas peças, por exemplo, você não apenas colabora enormemente para otimizar espaços, mas também ajuda diretamente o cérebro a elaborar de forma mais fluida e confortável os estímulos que recebe daquele ambiente. Os elementos estéticos captados estimulam e ativam os córtices sensoriais, impulsionando os neurônios em suas sinapses e disparos de neurotransmissores, num processo que gera sentimentos, emoções e comportamentos. Você já entrou em um lugar e se sentiu mal, meio sem saber por quê? Talvez esse ambiente estivesse organizado esteticamente de uma forma que os estímulos lhe causassem incômodo ou estresse.

O inverso também é verdadeiro, quando entramos num local onde nos sentimos muito bem e ficamos animadas. Tais emoções e sentimentos podem ser mensurados, e as pesquisas de neuroestética têm avançado para capturar respostas físicas frente aos elementos estéticos, como alterações de temperatura corporal e pressão arterial.

Em 2019, o site Fast Company noticiou um experimento do Google realizado naquele ano no Salone de Mobile, a feira anual de móveis de Milão: "O Google observa os caminhos misteriosos pelos quais o design influencia o modo como nos sentimos" (WILSON, 2019). A arquiteta Suchi Reddy, fundadora do estúdio Reddymade, desenvolveu três ambientes pelos quais o participante deveria circular, permanecendo por 5 minutos em cada um deles. Ao entrar na instalação, as pessoas recebiam uma pulseira que media a temperatura corporal, os batimentos cardíacos, a condutividade da pele e os movimentos. Ao final do experimento, um algoritmo desenvolvido pelo IAM Lab demonstrou visualmente como o corpo de cada pessoa tinha reagido e em qual ambiente havia se sentido mais calma.

The Emotional Art Gallery é um outro exemplo. Trata-se de uma galeria na Suécia em que todas as obras expostas se transformam conforme o que as pessoas e os visitantes estão sentindo. A ideia surgiu de uma pesquisa segundo a qual os cidadãos de Estocolmo apresentavam os maiores níveis de estresse da população do país por conta da urbanização, com o aumento significativo do número de pessoas na cidade e o desconforto ocasionado pelo excesso de pessoas nos meios de transporte público. Em razão disso, a empresa de comunicação Clear Channel, em parceria com o estúdio Affairs, convidou artistas de diferentes países para desenvolverem artes digitais elaboradas com um algoritmo que capta as alterações corporais dos passantes estressados, transformando-as em artes para representar emoções como amor, conforto ou segurança.

EMOTIONAL ART GALLERY

https://www.emotionalartgallery.com/

Já a empresa Neurons desenvolveu um experimento para o Spotify, o *The beat of a billion*, com o objetivo de encontrar o *beat* perfeito para o lançamento da empresa na Índia. Na pesquisa, foi pedido a diversas pessoas que ouvissem uma playlist de recentes sucessos do país, e essas pessoas eram submetidas, ao mesmo tempo, a um monitoramento EEG (de eletroencefalografia), registrando alterações de acordo com a intensidade e valência dos sons. Com isso, o Spotify descobriu a partícula essencial de um hit de sucesso na Índia e fez seu lançamento no país de uma forma que transcende a assertividade de um projeto. Não é incrível?

FINDING THE BEAT OF A BILLION

https://www.youtube.com/watch?v=hVGVcmW0crs

As possibilidades de experimentos e aplicações de princípios da neuroestética no universo cultura são incontáveis. Este ainda é um campo bastante desconhecido e pouco explorado, mas que começa a trilhar seus caminhos em nossa sociedade, com propostas inovadoras que visam contribuir para o bem-estar humano em diferentes esferas da vida. Que todas as vezes que você escolher uma peça teatral para assistir, uma série na televisão, uma música para ouvir, um livro para ler, uma cor para sua parede, uma maquiagem ou um corte de cabelo, ou, ainda, uma peça de roupa, você tenha a consciência de que está fazendo uma escolha que terá impacto direto na forma como você se sente e se comporta.

A ILUSÃO DO FUTURO E SOBRE O QUE
ESTAMOS DISCUTINDO QUANDO FALAMOS DE

MODA

O futuro é um assunto atraente e assustador.

Falamos o tempo todo sobre o que há de vir, sem certezas; partimos apenas de expectativas baseadas em nossas experiências passadas. Não somos capazes de garantir o que vai acontecer no futuro, mas pesquisamos, planejamos e fazemos do presente uma proposta – ou, às vezes, aposta – para o futuro. Temos discutido o futuro de todas as coisas e investimos nosso tempo olhando para um outro tempo, que ainda não existe, alheios ao tempo presente. Ficamos reféns de um **não tempo**, pois dedicamos nossa atenção para imagens não reais de projeções do que queremos, planejamos e esperamos que aconteça.

O futuro não existe até que cheguemos a ele.

O futuro da moda segue como o passado e o presente, construídos em cima de uma ilusão.

Precisamos olhar para o passado sem as lentes do glamour e sem a perspectiva do Olimpo fashion, para compreender o que nos trouxe até aqui. Precisamos aceitar o passado e agir no presente, sem projetar, mas lidar com a realidade.

O sistema social e econômico que construímos nos adoeceu física e emocionalmente. Precisamos analisar de forma realista os fatores que colaboraram para isso: as escolhas que fizemos ou deixamos de fazer como instituições, organizações, grupos, famílias ou indivíduos.

Podemos escolher as imagens que consumimos.

Podemos escolher as imagens que produzimos.

Podemos exercitar nossa atenção plena, investir nosso tempo no presente com qualidade e presença.

Mas não, eu não sei lhe dizer se o futuro será melhor, se o futuro da moda será mais sustentável, mais tecnológico, mais justo, mais ético, mais humano. E eu poderia, sim, escrever um texto bem lindo e otimista sobre as expectativas em relação ao futuro – isso seria a minha cara, inclusive! Mas quando decidi escrever este livro, escolhi me despir da minha ilusão da moda e canalizar minha energia para algo que pode não ser tão motivador, mas que contribui para a consciência sobre a moda e todas suas implicações.

QUANDO DISCUTIMOS MODA, FALAMOS SOBRE:

... SERES HUMANOS E SUAS RELAÇÕES CONSIGO MESMOS E COM O MUNDO.

... COMPORTAMENTO, TECIDO SOCIAL, CLASSES E POLÍTICA.

... SISTEMA ECONÔMICO E MEIOS DE PRODUÇÃO.

... CULTURA E EXPRESSÕES ARTÍSTICAS.

... AUTOCONHECIMENTO E TRAUMAS, MUITOS TRAUMAS.

... PROJETOS DE PODER.

... EXPLORAÇÃO AMBIENTAL, ESCRAVIDÃO E CRIMES CONTRA A HUMANIDADE.

... TECNOLOGIA, PROGRAMAÇÃO E CIÊNCIA DE DADOS.

... A MEMÓRIA AFETIVA DAS FAMÍLIAS BRASILEIRAS.

Todo mundo teve ou tem uma costureira na família. Isso diz muito sobre nossa relação com esse ofício e sobre como deveríamos valorizar esses saberes.

A moda pode ser, portanto, um meio para transformação de modelos mentais, na medida em que se faz presente em todas as esferas da nossa existência.

Quando falamos de moda, falamos sobre imagens que impactam diretamente nossos cérebros, todos os dias e a todo momento.

Pense nisso! ;)

REFERÊNCIAS

AMED, I. et al. The state of fashion 2020: navigating incertainty. **McKinsey & Company**. 20 nov. 2019. Disponível em: <https://www.mckinsey.com/industries/retail/our-insights/the-state-of-fashion-2020-navigating-uncertainty>. Acesso em: 18 jun. 2020.

ANJOS, N. **Desfiles de moda**: útil ou fútil – um estudo das características dos desfiles de moda em sua aplicação econômica como estratégia de marketing. São Paulo: Universidade Anhembi Morumbi, 2005. Artigo acadêmico não publicado.

_____. Para mudar a moda precisamos transcender o sistema predominante. **Modefica**. 16 fev. 2018. Disponível em: <https://www.modefica.com.br/novos-mind-sets-moda/#.XsagIWhKhPZ>. Acesso em: 21 maio 2020.

_____. Questionário para avaliar a saúde mental dos profissionais de moda. **Typeform**, [*s. d.*]. Disponível em: <https://byanjos.typeform.com/to/Fq6nwO>. Acesso em: 28 jul. 2020.

ARCOVERDE, M. Moda: tecendo outras possibilidades na construção das identidades de gênero. **Periódicus**, Salvador, v. 1, n. 2, 2014. Disponível em: <https://portalseer.ufba.br/index.php/revistaperiodicus/article/view/12894/9211>. Acesso em: 23 maio 2020.

BARTHES, R. História e sociologia do vestuário. In: **Inéditos vol. 3**: imagem e moda. São Paulo: Martins Fontes, 2005. (Coleção Roland Barthes.)

BRASIL. Ministério da Saúde. Mindfulness: técnica de meditação que pode tratar doenças. **Blog da Saúde**, 13 mar. 2018. Disponível em: <http://www.blog.saude.gov.br/index.php/promocao-da-saude/53253-mindfulness-tecnica-de-%20meditacao-que-pode-tratar-doencas>. Acesso em: 11 maio 2020.

BUENO, A. (org.). **Georg Simmel**: o conflito da cultura moderna e outros escritos. Tradução de Laura Rivas Glagliardi. São Paulo: Editora Senac São Paulo, 2013.

BURKE, P. **A escrita da história**: novas perspectivas. São Paulo: Unesp, 1992.

CARVALHAL, A. **A moda imita a vida**: como construir uma marca de moda. São Paulo: Estação das Letras e Cores; Rio de Janeiro: Editora Senac Rio de Janeiro, 2014.

CLETO, F. Os espetáculos do camp. In: BOLTON, A. **Camp**: notes on fashion. Nova York: The Metropolitan Museum/Yale University Press, 2019.

COLERATO, M. A indústria da moda brasileira e seus principais desafios para a sustentabilidade. **Modefica**. 5 jul. 2019. Disponível em: <https://www.modefica.com.br/panorama-industria-moda-sustentavel-brasileira/#.XsaVeGhKhPY> Acesso em: 22 jun. 2020.

CRANE, D. **A moda e seu papel social**: classe, gênero e identidade das roupas. Tradução de Cristiana Coimbra. 2. ed. São Paulo: Editora Senac São Paulo, 2006.

CSIKSZENTMIHALYI, M. **Flow**: the psychology of optimal experience. Nova York: First Harper Perennial, 2008. (Coleção Modern Classics.)

DAMÁSIO, A. **A estranha ordem das coisas**: as origens biológicas dos sentimentos e da cultura. Tradução de Laura Teixeira Motta. São Paulo: Companhia das Letras, 2018.

_____. **E o cérebro criou o homem**. Tradução de Laura Teixeira Motta. São Paulo: Companhia das Letras, 2011.

_____. **O erro de descartes**: emoção, razão e o cérebro humano. Tradução de Dora Vicente, Georgina Segurado. 3. ed. São Paulo: Companhia das Letras, 2012.

_____.**O mistério da consciência**: do corpo e das emoções ao conhecimento de si. Tradução de Laura Teixeira Motta. 2. ed. São Paulo: Companhia das Letras, 2015.

DUHIGG, C. **O poder do hábito**: por que fazemos o que fazemos na vida e nos negócios. Rio de Janeiro: Objetiva, 2012.

DWECK, C. S. **Mindset**: a nova psicologia do sucesso. Tradução de S. Duarte. São Paulo: Objetiva, 2017.

FARAH, L. P. **Fashion. Business. Spirituality**: a call to the light workers of the fashion industry. Florença: FLP srl, 2018.

FILIZZOLA, C. Moda e imigração: quem produz nossas roupas? **Folha de S. Paulo**, 1 maio 2019. Disponível em: <https://www1.folha.uol.com.br/opiniao/2019/05/moda-e-imigracao-quem-produz-nossas-roupas.shtml>. Acesso em: 22 jun. 2020.

FREITAS-SILVA, L. R.; ORTEGA, F. J. G. A epigenética como nova hipótese etiológica no campo psiquiátrico contemporâneo. **Physis – Revista de Saúde Coletiva**, Rio de Janeiro, v. 24, n. 3, p. 765-786, 2014. Disponível em: <https://www.scielo.br/pdf/physis/v24n3/0103-7331-physis-24-03-00765.pdf>. Acesso em: 30 jul. 2020.

GABLER, N. **Vida, o filme**: como o entretenimento conquistou a realidade. Tradução de Beth Vieira. São Paulo: Companhia das Letras, 1999.

GOLEMAN, D. **Foco**: a atenção e seu papel fundamental para o sucesso. Tradução de Cássia Zanon. Rio de Janeiro: Objetiva, 2014.

_____. **Inteligência emocional**: a teoria revolucionária que redefine o que é ser inteligente. Rio de Janeiro: Objetiva, 2012.

GOLEMAN, D.; SENGE, P. **Foco triplo**: uma nova abordagem para a educação. Rio de Janeiro: Objetiva, 2016.

GUERRA, L. **Recontar, rever e repassar**: espiral da aprendizagem. [*S. l.*]: Sistema Etapa, [*s. d.*]. 1 vídeo (6 min 35 seg). Disponível em: <https://paineldeeducacao.com.br/2017/11/08/espiral-da-aprendizagem-e-outro-aspecto-muito-importante-no-contexto-da-aprendizagem/>. Acesso em: 22 abr. 2020.

GUYAU, J-M. **A arte do ponto de vista sociológico**. Tradução de Regina Schopke e Mauro Baladi. São Paulo: Martins Fontes, 2009.

HALEY, A.; DELAGRAN, L. How does your mindfulness work? **Taking charge of your health & wellbeing**, [*s. d.*]. Disponível em: <https://www.takingcharge.csh.umn.edu/how-does-mindfulness-work>. Acesso em: 22 jun. 2020.

HAN, B-C. **Sociedade do cansaço**. Tradução de Enio Paulo Gianchini. 2. ed. ampl. Rio de Janeiro: Vozes, 2017.

MACIEL, H.; HELAL, D. "Detalhes de sua incompetência não me interessam": o assédio moral no filme *O diabo veste Prada*. **REAd**, Porto Alegre, v. 23, n. especial, dez. 2017. Disponível em: <https://www.scielo.br/pdf/read/v23nspe/1413-2311-read-23-spe-412.pdf>. Acesso em: 20 maio 2020.

IAM LAB. Impact Thinking. **International Arts + Mind Lab**, [*s. d.*]. Disponível em: <https://www.artsandmindlab.org/impact-thinking/>. Acesso em: 22 jun. 2020.

JANOSKA, L. What really is the cone of experience. **E-learning Industry**, 28 ago. 2017. Disponível em: <https://elearningindustry.com/cone-of-experience-what-really-is>. Acesso em: 22 jun 2020.

KAHNEMAN, D. **Rápido e devagar**: duas formas de pensar. Rio de Janeiro: Objetiva, 2012.

LEVITIN, D. J. **A música no seu cérebro**: a ciência de uma obsessão humana. Tradução de Clóvis Marques. 4. ed. Rio de Janeiro: Civilização Brasileira, 2014.

MACLEAN. P. D. **The triune brain in evolution**: role in paleocerebral functions. Nova Iorque, Londres: Plenum Press, 1990.

MATEUS. S. Reality-show: uma análise de gênero. **Comunicando**, [*s. l.*], v. 1, n. 1, dez. 2012. Disponível em: < http://www.revista comunicando.sopcom.pt/ficheiros/20130108-reality_show_.pdf>. Acesso em: 22 jun. 2020.

MAU, D. Fashion week is wasteful, exhausting and disorganized – but not altogether pointless, according to our survey. **Fashionista**, 6 fev 2020. Disponível em: <https://fashionista.com/2020/02/fashion-week-thoughts-survey-results>. Acesso em: 7 maio 2020.

MITCHELL, E. Estudo descreve 'GPS' em cérebro de taxistas londrinos. **BBC Brasil**, 14 set. 2008. Disponível em: <https://www.bbc.com/portuguese/reporterbbc/story/2008/09/080914_cerebro_taxistas_pu>. Acesso em: 1 fev. 2020.

MOORE, C. What is mindfulness? Definition + benefits (incl. Psychology). **Positive Psychology**, 19 maio 2020. Disponível em: <https://positivepsychology.com/what-is-mindfulness/>. Acesso em: 28 jul. 2020.

NAVARRI, P. **Moda e inconsciente**: o olhar de uma psicanalista. Tradução de Gian Bruno Rosso. São Paulo: Editora Senac São Paulo, 2010.

NOGUEIRA, S. Entenda de uma vez: o que é epigenética? **Superinteressante**, 21 ago. 2019. Disponível em: <https://super.abril.com.br/ciencia/entenda-de-uma-vez-o-que-e-epigenetica/>. Acesso em: 30 jul. 2020.

O DIABO veste Prada. Direção: David Frankel. Los Angeles: 20th Century Studios, 2006. (109 minutos)

PEIRCE, C. S. **Semiótica**. 2. ed. São Paulo: Perspectiva, 1995.

PINK, D. H. Quando: **Os segredos científicos do timing perfeito**. Tradução Cássio de Arantes Leite. Rio de Janeiro: Objetiva, 2018.

PORTILHO, A. Mulheres imigrantes na costura. **Modefica**, 3 ago. 2017. Disponível em: <https://www.modefica.com.br/mulheres-imigrantes-costura-sao-paulo/#.XxtOFp5KhPa>. Acesso em: 28 jul. 2020.

POWELL, A. When Science meets mindfulness. **The Harvard Gazette**, 9 abr. 2018. Disponível em: <https://news.harvard.edu/gazette/story/2018/04/harvard-researchers-study-how-mindfulness-may-change-the-brain-in-depressed-patients/>. Acesso em: 22 jun. 2020.

SANTAELLA, L. **O que é semiótica**. São Paulo: Brasiliense, 2003. (Coleção Primeiros Passos.)

SHATZMAN, C. 'Fashionopolis' author Dana Thomas on how fast fashion is destroying the planet and what you can do about it. **Forbes**. 4 out. 2019. Disponível em: <https://www.forbes.com/sites/celiashatzman/2019/10/04/fashionopolis-author-dana-thomas-on-how-fast-fashion-is-destroying-the-planet-and-what-you-can-do-about-it/#190cc2dc3b97>. Acesso em: 22 jun. 2020.

SIEGEL, D. J.; BRYSON, T. P. **O cérebro da criança**: 12 estratégias revolucionárias para nutrir a mente em desenvolvimento do seu filho e ajudar sua família a prosperar. Tradução de Cássia Zenon. São Paulo: nVersos, 2015.

_____. **O cérebro que diz sim**: como criar filhos corajosos, curiosos e resilientes. Tradução de Eliana Rocha. São Paulo: Planeta do Brasil, 2019.

SONTAG, S. **Notes on "camp"**. 1964. Disponível em: <https://monoskop.org/images/5/59/Sontag_Susan_1964_Notes_on_Camp.pdf> Acesso em: 18 jun. 2020.

TIEPPO, C. **Uma viagem pelo cérebro**: a via rápida para entender neurociência. São Paulo: Conectomus, 2019.

WILSON, M. Google looks at the mysterious ways design influences how you feel. **Fast Company**, 25 mar. 2019. Disponível em: <https://www.fastcompany.com/90323347/googles-latest-pet-project-uses-design-to-toy-with-your-brain>. Acesso em: 22 jun. 2020.

YAHN, C. Conheça o trabalho do Instituto Alinha, que tira oficinas de costura da ilegalidade. **Fashion Foward**, 22 jan. 2020. Disponível em: <https://ffw.uol.com.br/noticias/sustentabilidade/conheca-o-trabalho-do-instituto-alinha-que-tira-oficinas-de-costura-da-ilegalidade/>. Acesso em: 28 jul. 2020.